성서 이해와 적용

민수기 큐티 III

성서 이해와 적용

민수기 큐티 III

저자 이미자

서 문

본서는 출애굽한 이스라엘 백성이 가나안 땅으로 들어가기까지 광야 40년의 여정을 다루고 있습니다. 특히 이스라엘 백성이 광야에서 하나님으로부터 율법, 즉 계명(도덕법), 율례(종교법), 법도(사회법)를 받았는데, 여기에는 신앙생활의 방향과 영적인 여러 의도가 있고, 또 여기에는 죄지은 자가 피할 수 없는 징벌에서, 불신앙에 대한 경고를 발견할 수 있습니다.

더욱이 민수기에서 나타난 긍정과 부정의 모든 사건은 주 하나님을 믿는 성도들의 삶에서 만날 수 있는 사례로 교훈과 경각심을 불러일으킬 수 있습니다.

그래서 필자인 저의 바람은 '본서의 큐티가 독자들의 신앙생활을 위한 이정표가 되었으면…….' 하고 소망합니다.

끝으로 본서 큐티를 집필하도록 영성과 건강과 은혜를
베풀어 주신 하나님께 감사와 찬양과 영광을 돌립니다.
또 본서 큐티가 출간되기까지 기도와 재정으로 후원해
주신 여러 성도와 '보명C&I' 대표님께 깊은 감사를 드립
니다.

이니자 목사

차 례

민수기

시내 산에서부터 가나안 건너편 모압 평지까지 이스라엘 백성의 긴 광야 여정을 기록한 책이다. 이 여정 동안 이스라엘 민족은 온갖 시험과 고난을 당하면서 자신들의 한계를 드러냈고, 지도자 아론과 미리암, 심지어 모세까지도 실수함으로써 징계를 받게 된다. 결국 하나님만 완전하시고, 그분을 의지하는 것만이 살길임을 밝혔다.

▌본서의 제목(명칭)과 유래

본서는 여러 가지 이름 중에서 '베미드바르'라는 제목을 사용했다. 이 제목은 본서의 첫 책에서 따온 것으로 책의 내용을 시사하는 '광야에서'라는 뜻을 지니고 있다. 특히 '민수기'란 구약의 헬라어 역본인 70인 역의 명칭 '숫자들'('아리트모이')이란 뜻에서 유래했다.

▌저자

본서의 저자는 오경을 기록한 모세이다.

▌기록 연대

B.C. 1440-1400년경으로, 출애굽 제2년(시내 산) ~ 출애굽 제40년(모압평지)까지다.

▌기록 목적

출애굽한 이스라엘 자손의 목적지는 약속의 가나안 땅이었다. 하지만 백성이 불순종하여 출애굽 제2년에 들어갈 수 있었던 가나안 땅에 들어갈 수 없게 되었고, 신앙이 단련되기까지, 출애굽 제40년까지 지연되었다. 따라서 본서는 가나안 땅, 즉 천국을 소망하는 자마다 불평과 불신앙의 낡은 옷을 벗어버리고 믿음과 순종으로써 재무장해야 한다는 동기를 주고자 했다.

▌본서의 특징

출애굽 이후 이스라엘 자손의 광야 여정에 대한 기록이 시내 산에서 율법을 받음으로 인해 중단되었지만(출 19장), 본서에서 다시 시작된다. 즉 시내 산과 모압 평지에서 두 차례 인구조사를 기록함으로 이스라엘이라는 나라의 실질적인 태동을 밝히고, 또 그들의 규모가 어느 정도였는지를 확인시키고 있다.

한편 본서는 40년 동안의 긴 방황이 이스라엘 자손들의 죄악 때문임을 지적하고 있다. 그렇지만 백성의 긴 방황에는 죄에 대한 징계뿐만 아니라 하나님의 은혜가 면면히 흐르고 있다. 그리하여 이스라엘이 광야 40년 동안 온갖 시련이 있었음에도 신정국가로서 군사적, 사법, 행정적, 종교적으로 체계화됨으로써 명실공히 하나의 독립된 국가로 탄생하고 있음을 보여준다.

14장
원망으로 인한 40년 광야 생활

이스라엘 백성은 가나안 땅을 정탐하고 돌아와서 열두 지파의 지휘관 중 가나안 땅에 대해서 2명의 지휘관의 긍정적인 보고를 듣지 아니하고, 10명의 지휘관의 부정적인 보고를 듣는다. 백성은 극도의 두려움에 휩싸이게 되고, 이로 인해 백성은 "어찌하여 여호와가 우리를 그 땅으로 인도하여 칼에 쓰러지게 하려 하는가 우리 처자가 사로잡히리니 애굽으로 돌아가는 것이 낫지 아니하랴"라고 하며, 모세와 아론과 하나님까지 원망한다.

한편 하나님께서 원망하는 백성을 전염병으로 진멸하려 하시자, 모세는 백성의 구원을 위한 기도를 드리고, 백성에 대한 진멸의 뜻을 돌이키신 하나님께서는 가나안 입성을 40년 동안 유보하신다. 즉 이 기간에 여호수아와 갈렙을 제외한 20세 이상 된 자들은 40년 광야 생활에서 모두 사망하게 하시고, 여호수아와 갈렙과 20세 미만의 신세대만 약속의 땅에 들어갈 자들로 선택하신다.

> "온 회중이 소리를 높여 부르짖으며 백성이 밤새도록 통곡하였더라"
>
> —————— 민 14:1

1절 천국을 기업으로 받을 자가 각오하고 수용해야 할 것

가나안 땅을 정탐한 열두 지휘관들의 부정적인 보고를 들은 백성이 잠도 잊은 채 밤새도록 가슴을 치고 대성통곡한다. 이는 온 백성이 절망과 불신앙의 전염병에 걸려 악을 쓰는 광경이다.

한편 이스라엘 백성은 가나안을 약속받은 자들이다. 그런데도 그들은 본문과 같이 절망의 늪에서 헤어 나오지 못한 채 밤새도록 슬퍼하며 하나님을 원망한다. 이같이 가나안 땅, 즉 천국을 약속받은 자들이라 할지라도 본문과 같은 상황에 직면할 수 있다. 이 때문에 가나안 땅을 기업으로 받을 자, 즉 천국의 기업을 받을 자는 한 가지 그 무엇을 각오하고 수용할 수 있어야 본문과 같이 하나님을 원망하지 아니하고 문제의 상황을 극복할 수 있다. 그렇다면 천국을 기업으로 받은 자는 무엇을 각오하고 수용할 수 있어야 할까?

이 세상은 천국이 아니다. 이 때문에 이스라엘 자손이 가나안 땅에 들어가기까지 광야에서 많은 문제, 즉 양식, 식수, 맹수, 광야의 바람, 불볕더위, 아말렉을 비롯한 대적들과의 분투 등 성도는 천성에 들어가기까지 여러 문제와 싸워야 한다. 그래서 천국을 기업으로 받은 성도는 그 나라에 들어가기까지 닥친 문제를 필연으로 수용하고, 분투를 각오해야 한다(롬 8:17).

따라서 성도, 즉 우리는 문제로 인하여 하나님을 원망하지 말고, 영적인 자유와 평안의 능력으로 세상 가운데서 만나는 크고 작은 문제와 분투하여 승리할 수 있어야 할 것이다.

"온 회중이 소리를 높여 부르짖으며 백성이 밤새도록 통곡하였더라 이스라엘 자손이 다 모세와 아론을 원망하며 온 회중이 그들에게 이르되 우리가 애굽 땅에서 죽었거나 이 광야에서 죽었으면 좋았을 것을 어찌하여 여호와가 우리를 그 땅으로 인도하여 칼에 쓰러지게 하려 하는가 우리 처자가 사로잡히리니 애굽으로 돌아가는 것이 낫지 아니하랴"

———————————————————————— 민 14:1-3

1-3절 　본문과 같은 교회의 사례

이스라엘 자손이 다 모세와 아론을 원망했다. 원망의 원인은 이스라엘 자손의 불신이었지만 여기에 앞서 가나안 땅을 정탐하고 돌아온 이스라엘 열두 지파 지휘관 중 열 지파 지휘관의 부정적인 보고였다(민 13:31-33). 그런데 본문에서의 열 지파 지휘관들의 부정직인 보고와 백성의 원망은 오늘날에도 신앙의 공동체 안에서 교회를 어둡게 하는 요인이 될 수가 있다. 그렇다면 본문과 같은 상황을 오늘날의 교회에 적용할 때, 유사한 사례가 있다면 어떤 사례가 있을까?

열두 지파의 지휘관 중 하나님의 말씀 편에 선 자, 즉 눈의 아들 여호수아와 여분네의 아들 갈렙은 불안한 상황이 있음에도 오직 말씀 편에 서서 성도에게 말씀의 대안을 제시하는 교역자(목회자)의 사례가 될 수 있고, 지휘관 중 상식과 인간의 이성에 충실한 자, 즉 열 지파의 지휘관들은 불안한 상황에 굴종한 나머지 말씀의 대안을 제시할 수 없는 교역자(목회자)의 사례가 될 수 있다.

한편 성도는 천성에 들어가기까지 세상이란 공간에서 문제의 점철 속에 산다. 그렇지만 상식이나 인간의 이성이 모든 문제 해결의 대안이 될 수 없다.

따라서 성도를 목양하는 교역자는 문제의 대안으로 항상 하나님의 말씀을 제시할 수 있어야 하고, 또 전능하신 하나님께 문제를 맡기며 나아갈 수 있는 신앙의 동기를 줄 수 있어야 한다.

"이에 서로 말하되 우리가 한 지휘관을 세우고 애굽으로 돌아가자 하매"

―――――――――――――――――――――――――――――――――― 민 14:4

4절 불신앙의 정점에서 신앙의 공동체에 나타날 수 있는 현상

이스라엘 자손이 가나안 땅에 대한 하나님의 약속을 믿지 아니할 때, 그 땅은 더 이상 백성을 이롭게 하거나 백성에게 복된 땅이 아닌 백성을 삼키는 땅으로 전락한다. 또 이스라엘 자손이 가나안 땅에 대한 하나님의 약속을 믿지 아니할 때, 이스라엘 자손은 출애굽을 후회하게 된다. 그리하여 이스라엘 자손은 모세가 아닌 그들을 애굽으로 인도할 자, 즉 새로운 지휘관을 발탁하고자 한다.

한편 본문에서는 하나님의 말씀이 도외시된 상태에서 불신앙이 초래하는 최종적인 폐해가 잘 나타나 있다. 그렇다면 불신앙의 정점에서 신앙의 공동체에 어떠한 폐해가 나타날까?

불신앙의 정점에서 나타나는 폐해는 하나님께서 세우신 영적 질서가 무시된다는 것이다. 그래서 불신앙에 빠진 이스라엘 자손은 하나님께서 세우신 모세가 있음에도 하나님의 뜻이 아닌 그들의 뜻에 맞는 지휘자를 발탁하고자 했다.

또 불신앙의 정점에서 나타나는 폐해는 백성이 환경에 굴종하고 더 이상 신앙의 이상을 향해서 나아가지 않는다는 것이다. 그래서 그들은 하나님께서 인도하신 오늘과 미래의 삶보다 고통의 세월이었던 애굽의 삶으로 돌아가자고 한 것이다.

따라서 우리는 교회 공동체에 하나님께서 세우신 질서가 무시된다거나 과거를 그리워하는 삶이 불신앙으로 말미암은 폐해의 정점이라는 사실을 깨닫고, 영적 질서에 순종하고 분투이 신앙생활을 잃지 말아야 할 것이다.

> "모세와 아론이 이스라엘 자손의 온 회중 앞에서 엎드린지라 그 땅을 정탐한 자 중 눈의 아들 여호수아와 여분네의 아들 갈렙이 자기들의 옷을 찢고 이스라엘 자손의 온 회중에게 말하여 이르되 우리가 두루 다니며 정탐한 땅은 심히 아름다운 땅이라 여호와께서 우리를 기뻐하시면 우리를 그 땅으로 인도하여 들이시고 그 땅을 우리에게 주시리라 이는 과연 젖과 꿀이 흐르는 땅이니라"
>
> —— 민 14:5-8

5-8절 이스라엘에 대한 하나님의 그 무엇

모세와 아론이 이스라엘 자손의 온 회중 앞에서 엎드린다. 이는 '얼굴을 땅바닥에 대고 엎드리다'라는 뜻으로, 이는 전적인 자기 부인의 자세요, 오직 하나님만을 소망하는 간절한 모습이다.

한편 가나안 땅을 정탐한 여호수아와 갈렙은 그 땅에 대해 악평한 10명의 지휘관과 달리 그 땅이 아름답고 젖과 꿀이 흐르는 풍성한 땅이라고 역설한다. 특히 본문에는 여호수아와 갈렙의 신앙관이 잘 나타나 있다. 이스라엘 자손이 하나님의 어떠한 작용으로 가나안 땅의 복된 기업에 이를 수 있는지에 대한 신앙관이 잘 나타나 있다. 그렇다면 이스라엘에 대한 하나님의 그 무엇으로 인해 이스라엘 자손이 가나안 땅의 기업에 이를 수 있을까?

이스라엘 자손이 가나안 땅의 기업에 들어가기까지 이스라엘은 가나안 원주민과 일대 전쟁을 벌여야 했다. 그럼에도 여호수아와 갈렙은 그들이 벌일 전쟁으로 인해 '그 땅을 차지한다'라고 하지 않고 본문 8절 말씀과 같이 하나님께서 기뻐하심으로, 또 하나님께서 인도하심으로, 또 하나님의 약속으로 말미암아("그 땅을 우리에게 주시리라") 이스라엘 자손이 "가나안 땅의 기업에 들어간다"라고 고백하였다. 특히 여호수아와 갈렙은 그 땅이 목축하기 좋은 땅이라 하여 젖이 흐르는 땅이라고 묘사하고, 농업하기 좋은 땅이라 하여 꿀이 흐르는 땅이라고 묘사하며 극찬하였다.

따라서 이 세상에서 나그네 된 우리는 항상 우리에 대한 하나님의 사랑, 우리에 대한 하나님의 인도, 우리에 대한 하나님의 약속을 바라보고 주의 성령의 능력 안에서 부족하고 연약한 우리를 극복할 수 있어야 할 것이다.

"다만 여호와를 거역하지는 말라 또 그 땅 백성을 두려워하지 말라 그들은 우리의 먹이라 그들의 보호자는 그들에게서 떠났고 여호와는 우리와 함께 하시느니라 그들을 두려워하지 말라 하나"

— 민 14:9

9절　이스라엘 자손에게 불신앙으로 작용한 것

본문에는 무엇이 이스라엘 자손에게 크게 작용하여 모세가 아닌 새로운 지휘관을 선출하여 애굽으로 돌아가자고 했는지, 그 연유가 잘 나타나 있다. 그렇다면 본문에서 그 무엇이 이스라엘 자손에게 불신앙으로 작용했을까?

이스라엘 자손에게 불신앙으로 작용한 것은 가나안 땅에 대한 약속이 있었음에도 여호와 하나님을 믿지 아니한 것과("여호와를 거역하지 말라") 신앙의 능력으로 환경을 극복하지 못한 두려움이었다(13:32-33). 결국 이스라엘 자손은 하나님께서 그들과 함께하신다는 사실보다 그들이 연약한 것과 기골이 장대한 가나안 원주민이란 두려움을 신앙의 능력으로 극복하지 못한 나머지 열등한 자들로 전락하고 말았다.

따라서 우리는 주 하나님께서 허용하시는 범위 안에서, 즉 "내게 능력 주시는 자 안에서 내가 모든 것을 할 수 있다"(빌 4:13)라는 믿음을 가져야 할 것이다.

"그 땅을 정탐한 자 중 눈의 아들 여호수아와 여분네의 아들 갈렙이 자기들의 옷을 찢고 이스라엘 자손의 온 회중에게 말하여 이르되 우리가 두루 다니며 정탐한 땅은 심히 아름다운 땅이라 여호와께서 우리를 기뻐하시면 우리를 그 땅으로 인도하여 들이시고 그 땅을 우리에게 주시리라 이는 과연 젖과 꿀이 흐르는 땅이니라 다만 여호와를 거역하지는 말라 또 그 땅 백성을 두려워하지 말라 그들은 우리의 먹이라 그들의 보호자는 그들에게서 떠났고 여호와는 우리와 함께 하시느니라 그들을 두려워하지 말라 하나 온 회중이 그들을 돌로 치려 하는데 그 때에 여호와의 영광이 회막에서 이스라엘 모든 자손에게 나타나시니라"

―――――― 민 14:6-10

6-10절　하나님의 간섭

　이스라엘 10지파 지휘관들은 하나님의 약속보다 불합리하다고 생각되는 인간의 이성을 좇았다. 하지만 여호수아와 갈렙은 인간의 이성을 좇지 아니하고, 오직 하나님께서 이스라엘 자손에게 약속하신 가나안 땅의 기업을 신앙으로 수용했다(출 3:8). 그래서 그들은 10지파의 부정적인 보고를 듣고, 슬퍼하고 원망하는 백성들을 향해 옷을 찢으며 분개한다.

　한편 이미 불신앙의 늪에 빠진 이스라엘 자손은 여호수아와 갈렙의 말에 귀를 기울이지 않고 오히려 그들을 돌로 치려 한다. 위기의 순간 여호와의 영광이 회막에서 이스라엘 모든 자손에게 나타난다. 이는 하나님께서 백성을 간섭하시고 의도하신 바 역사를 이루시기 위해서다. 그렇다면 하나님께서 무엇을 의도하시고 백성을 간섭하셨을까?

　이 세상은 항상 진리와 비진리가 대립한다. 하지만 진리를 좇는 자들은 본문과 같이 비진리를 좇는 자들에 의해 감당하기 어려운 곤경에 처하기도 한다. 그래서 역사를 주관하시고, 공의로우신 하나님께서는 진리를 고수하는 자들을 구원해 주시기 위해 영광으로 나타나셨다.

　따라서 주의 구원을 믿는 우리는 담대하게 진리를 좇을 수 있는 신앙이 잃지 말아야 할 것이다.

> "여호와께서 모세에게 이르시되 이 백성이 어느 때까지 나를 멸시
> 하겠느냐 내가 그들 중에 많은 이적을 행하였으나 어느 때까지 나
> 를 믿지 않겠느냐 내가 전염병으로 그들을 쳐서 멸하고 네게 그들
> 보다 크고 강한 나라를 이루게 하리라"
>
> ──────────────────────────── 민 14:11-12

11-12절　이적의 최종적인 의도

여호와께서 본문의 순간까지 여러 상황에서 백성의 구원을 위해 이
적을 행하신다. 특히 본문에서 하나님께서는 이적의 최종적인 의도에
대해 말씀하신다. 그렇다면 백성의 구원을 위해 베풀어 주신 이적의 최
종적인 의도는 무엇일까?

하나님께 대한 믿음을 갖게 하기 위함이다. 하지만 이스라엘
자손은 백성의 구원을 위한 수많은 이적을 체험하고노 하나님의
능력을 믿지 아니하고 이방인들이 두려운 나머지 애굽으로 돌아
가자고 하였다.

따라서 하나님의 능력을 믿는 우리는 두려운 그 어떤 것도 하
나님의 약속을 저지할 수 없음을 알아야 할 것이다.

"여호와께서 모세에게 이르시되 이 백성이 어느 때까지 나를 멸시
하겠느냐 내가 그들 중에 많은 이적을 행하였으나 어느 때까지 나
를 믿지 않겠느냐 내가 전염병으로 그들을 쳐서 멸하고 네게 그들
보다 크고 강한 나라를 이루게 하리라"

———————————————————————————— 민 14:11-12

11-12절 이스라엘 자손이 하나님을 멸시한 내용

하나님께서는 원망하는 자기 백성에게 "전염병으로 그들을 쳐서 멸
하시고"라고 말씀하셨다. 또 본문에서 하나님께서는 민수기 13:30-14:3
을 연유로 이스라엘 자손에게 "어느 때까지 나를 멸시하겠느냐"라고
하셨다. 그렇다면 하나님께서는 어떠한 것을 가리켜 "이스라엘 자손이
당신을 멸시한다"라고 하셨을까?

하나님께서는 능력으로 이스라엘 자손을 구원하셨다. 애굽에
서, 홍해에서, 아말렉으로부터의 구원 등 하나님께서는 능력으
로 성민 이스라엘 구원하셨다. 또 능력으로 백성을 구원하신 하
나님께서는 "가나안 땅을 기업으로 주겠다"라고 약속하셨다. 하
지만 백성은 하나님의 능력과 가나안 땅에 대한 약속을 믿지 아
니하고 오히려 기골이 장대한 가나안 원주민들을 두려워했다.
능력으로 이스라엘 자손을 구원하시고 인도하셨음에도 그들은
여호와의 구원을 믿지 아니하고 가나안 정벌에서의 패전을 전망
하였다. 즉 그들은 패전하여 장정들은 사망하고 그들의 처자들
은 사로잡힌다고 단정하였다. 그래서 그들은 소요에 휩싸여 "애
굽으로 돌아가자"라고 하였다. 이는 지금까지의 백성에 대한 여

호와의 구원을 멸시하는 행위인 것이다.

따라서 하나님의 전능하심을 믿는 우리는 우리에 대한 하나님의 약속, 즉 우리에 대한 하나님의 뜻이 성취되기까지 여러 상황이 불신앙을 조장한다는 사실을 인지하고 뒤로 물러서지 말아야 할 것이다.

> "모세가 여호와께 여짜오되 애굽인 중에서 주의 능력으로 이 백성을 인도하여 내셨거늘 그리하시면 그들이 듣고 이 땅 거주민에게 전하리이다 주 여호와께서 이 백성 중에 계심을 그들도 들었으니 곧 주 여호와께서 대면하여 보이시며 주의 구름이 그들 위에 섰으며 주께서 낮에는 구름 기둥 가운데에서, 밤에는 불 기둥 가운데에서 그들 앞에 행하시는 것이니이다 이제 주께서 이 백성을 하나 같이 죽이시면 주의 명성을 들은 여러 나라가 말하여 이르기를 여호와가 이 백성에게 주기로 맹세한 땅에 인도할 능력이 없었으므로 광야에서 죽였다 하리이다"
>
> —————————————————— 민 14:13-16

13-16절 모세가 염두에 둔 것

여호와께서는 하나님의 능력을 체험했음에도 가나안 땅의 약속과 구원을 믿지 아니하는 백성에 대하여 진노하시며 "전염병으로 쳐서 멸하겠다"라고 말씀하신다. 이에 모세는 백성을 위한 중보기도를 한다. 모세는 전능하신 하나님과 백성을 인도하시는 하나님에 대하여 고백하고, 본문 16절에서 만약 하나님께서 이스라엘 자손을 진멸하신다면 우상숭배자들이 '하나님을 무능하신 분으로 조롱할 것이다'라고 염려한다. 그런데 본문 16절 전절의 말씀은 16절 말씀을 염두에 둔 것이다. 그렇다면 본문에서 모세는 무엇을 염두에 두고 기도하였을까?

하나님께서는 이스라엘 자손의 불신앙에 대하여 "전염병으로 징벌하겠다"라고 하셨고, 모세는 죽을 위경에 직면한 자기 백성을 위한 중보기도를 하였다. 특히 모세는 본문 16절에서 "여호와가 이 백성에게 주기로 맹세한 땅에 인도할 능력이 없었으므로 광야에서 죽였다 하리이다"라고 하였다. 이는 하나님에 대한 어리석은 인간들의 판단에 대해 말하기보다 절박한 상황에서도 주의 이름의 영광을 염두에 둔 중보기도였다.

따라서 우리는 위기의 상황에서도 무엇보다 먼저 하나님의 이름에 합당한 영광을 구하는 신앙이 있어야 한다.

"이제 구하옵나니 이미 말씀하신 대로 주의 큰 권능을 나타내옵소서 이르시기를 여호와는 노하기를 더디하시고 인자가 많아 죄악과 허물을 사하시나 형벌 받을 자는 결단코 사하지 아니하시고 아버지의 죄악을 자식에게 갚아 삼사대까지 이르게 하리라 하셨나이다 구하옵나니 주의 인자의 광대하심을 따라 이 백성의 죄악을 사하시되 애굽에서부터 지금까지 이 백성을 사하신 것 같이 사하시옵소서"

— 민 14:17-19

17-19절　하나님의 공의보다 더욱 그의 인자를 갈구한 모세

　모세는 17절에서 주의 큰 권능을 나타내 달라고 구한다. 18절과 19절에서는 하나님의 인자하심에 의지하여 죄악과 허물을 사하여 달라고 호소한다. 여기서 '인자'란 인간을 향한 하나님의 지극한 사랑으로, 은혜(호의)와 성실로 대치될 수 있다.

　한편 모세는 "형벌 받을 자는 결코 사하지 아니하시고"라고 한다. 하지만 모세는 하나님의 정당한 심판, 즉 하나님의 공의로운 속성보다 그의 인자하심에 더욱 호소한다. 그렇다면 모세가 어떠한 연유에서 하나님의 공의보다 더욱 그의 인자를 갈구했을까?

　인간은 연약하고 스스로 허물과 죄에서 떠날 수 없다(롬 3:10-18; 갈 5:19-24) 그래서 하나님께서 당신의 공의로 인간을 판단하신다면 인류는 멸망 받을 수밖에 없다. 그래서 스스로 죄에서 떠날 수 없는 인간의 실상을 인지한 모세는 하나님의 공의의 속성보다 하나님의 인자하심에 더욱 호소하였다. 그런데도 우리는 긍정적인 측면에서 하나님의 공의를 사랑하고 수용해야 한다. 왜냐하면 하나님께서 인자하심의 속성으로 인류의 허물과 죄에 대하여 오래 참으신다고 해도 완악한 자는 회개하지 아니하고, 이때 의인이 고통을 받는다.

　따라서 하나님의 인자를 구하는 우리는 하나님의 공의를 사랑하고, 항상 회개의 열매를 풍성하게 맺어야 한다.

"여호와께서 이르시되 내가 네 말대로 사하노라 그러나 진실로 내가 살아 있는 것과 여호와의 영광이 온 세계에 충만할 것을 두고 맹세하노니 내 영광과 애굽과 광야에서 행한 내 이적을 보고서도 이같이 열 번이나 나를 시험하고 내 목소리를 청종하지 아니한 그 사람들은 내가 그들의 조상들에게 맹세한 땅을 결단코 보지 못할 것이요 또 나를 멸시하는 사람은 한 사람도 그것을 보지 못하리라"

———————————————— 민 14:20-23

20-23절　백성의 구원을 위한 이적의 의도

하나님께서는 이스라엘 자손들이 가나안 땅에 대한 약속을 믿지 아니하고 하나님의 능력을 믿지 아니하고 가나안 족속들을 두려워하고 애굽으로 돌이키려 하자, 하나님께서는 "전염병으로 백성을 쳐서 멸하고 모세를 세워 그들보다 크고 강한 나라를 이루게 하신다"라고 말씀하신 바 있다(11-12절).

한편 모세는 백성의 죄 사함을 위한 중보기도를 드리고, 하나님께서는 모세의 기도를 들어주시고 백성의 죄를 용서해 주셨지만 불신앙에 대한 징계를 섭리하신다. 특히 하나님께서는 본문 22절 말씀과 함께 징계를 섭리하신다. 그런데 본문 22절에서는 백성의 구원을 위한 이적의 의도를 나타내신다. 그렇다면 하나님께서 백성의 구원을 위해서 역사하신 이적의 의도는 무엇일까?

하나님께서는 본문 22절 상반절에서 "내 영광과 애굽과 광야에서 행한 이적을 보고도"라고 말씀하셨습니다. 이는 하나님께서 이적의 의도, 즉 하나님께 대한 믿음을 나타낸 말씀이다.

따라서 이적으로 말미암아 구원과 복을 체험한 우리는 기뻐하며 주께 영광을 돌릴 뿐만 아니라 주 하나님께 대한 견고한 신앙을 구축해야 할 것이다.

"내 영광과 애굽과 광야에서 행한 내 이적을 보고서도 이같이 열 번이나 나를 시험하고 내 목소리를 청종하지 아니한 그 사람들은"

— 민 14:22

22절 이스라엘 자손이 열 번이나 하나님을 시험했다는 의미

하나님께서는 본문 중반절 이하 말씀에서 "이같이 열 번이나 나를 시험하고 내 목소리를 청종하지 아니한 그 사람들"에 대하여 말씀하신다. 여기서 열 번이나 하나님을 시험했다는 것은 문자적으로 10회를 뜻하지 않는다. 그렇다면 이스라엘 자손이 열 번이나 하나님을 시험했다고 하는 것을 무엇을 뜻할까?

이스라엘 자손들의 다음과 같이 불신앙을 나타내며 하나님을 괴롭게 했다.

첫째, 출애굽을 체험했음에도 홍해 앞에서 추격하는 애굽 사람들로 인해 백성이 하나님을 원망했다(출 14:10-12).

둘째, 수르 광야 마라에서 식수로 인해 백성이 하나님을 원망했다(출 15:22-24).

셋째, 신 광야에서 양식문제로 인해 백성이 하나님을 원망했다(출 16:2).

넷째, 백성은 매일 먹을 만큼의 만나만 거두어야 했다. 하지만 백성 중에는 순종하지 아니하여 아침까지 양식을 남겨두어 벌레가 생기게 하였고 백성 중 어떤 이는 일곱째 날에 백성이 안식하도록 여섯째 날에 갑절을 거두게 하셨음에도 일곱째 날에 불순종하여 거두러 나갔다(출 16:20, 27).

다섯째, 신광야 르비딤에서 식수 문제로 모세를 원망하고, 하나님을 시험하였다(출 17:1-7).

여섯째, 모세가 호렙에서 율법을 받으러 간 사이 더디 오므로 불안한 나머지 금송아지 우상을 만들어 숭배했다(출 32:7-20).

일곱째, 백성이 다베라에서 하나님을 원망했다(민 11:1).

여덟째, 이스라엘 중에 섞여 사는 무리가 탐욕을 품고, 이스리엘 지손은 옴식이 단조롭다 하어 슬퍼하며 불평하였다(11:4- 6).

아홉째, 가데스 바네아에서 가나안 땅을 정탐한 열 지파의 지휘관들과 백성이 하나님을 원망했다(14장).

열째, 가네스 바네아에서 식수로 인해 백성이 하나님을 원망했다(민 20:2-9).

그렇지만 본문에서 열 번이나 하나님을 원망했다는 것은 문자적으로 '10회'를 뜻하기보다 이스라엘 자손의 반역과 불신앙의 상태가 반복적이고 매우 집요했음을 강조한 표현이다.

한편 이스라엘 자손이 광야에서 어려운 상황을 만났듯이 주의 자녀 또한 광야 같은 여정에서 스스로 감당할 수 없는 곤궁한 상황에 직면할 수 있다. 하지만 하나님의 전능하심과 구원을 믿는 우리는 성령의 능력에 의지하여 기도해야 할 것이다.

> "여호와께서 이르시되 내가 네 말대로 사하노라 그러나 진실로 내가 살아 있는 것과 여호와의 영광이 온 세계에 충만할 것을 두고 맹세하노니 내 영광과 애굽과 광야에서 행한 내 이적을 보고서도 이같이 열 번이나 나를 시험하고 내 목소리를 청종하지 아니한 그 사람들은 내가 그들의 조상들에게 맹세한 땅을 결단코 보지 못할 것이요 또 나를 멸시하는 사람은 한 사람도 그것을 보지 못하리라 그러나 내 종 갈렙은 그 마음이 그들과 달라서 나를 온전히 따랐은즉 그가 갔던 땅으로 내가 그를 인도하여 들이리니 그의 자손이 그 땅을 차지하리라 아말렉인과 가나안인이 골짜기에 거주하나니 너희는 내일 돌이켜 홍해 길을 따라 광야로 들어갈지니라"
>
> ──────────────── 민 14:20-25

20-25절 이스라엘 자손에게 나타내신 공의와 인자하심

본문에는 하나님의 공의와 인자하심 속성이 잘 나타나 있다. 특히 본문에서 하나님의 공의와 인자하심의 속성은 두 가지 측면으로 나타

난다. 그렇다면 본문에서 하나님께서 이스라엘 자손에게 나타내신 공의
와 인자의 측면은 무엇을 말하는 것일까?

하나님의 공의는 불신앙에 대한 하나님의 징벌이다. 즉 이스
라엘 열 지파 지휘관들은 하나님께서 그들의 조상에게 맹세한
땅, 즉 가나안으로 인도하시고자 하셨어도, 그들은 하나님의 능
력을 믿지 아니한 나머지 약속의 땅을 악평했다(민 13:31- 14:3).
한편 백성은 여호수아와 갈렙의 말보다 가나안 땅을 악평한
지휘관들의 말을 듣고 하나님을 원망하며 새로운 지휘관을 세우
고 애굽으로 돌아가려고 했다(14:3-4). 이렇게 하여 가나안 땅을
악평한 열 지파 지휘관들은 하나님의 징벌로 곧 죽었고(14:36-37),
당시 20세 이상으로 계수된 자, 즉 가나안 땅을 악평한 자들의
말을 듣고 하나님을 원망한 자들은 광야 40년 동안에 모두 유명
을 달리했다(14:21-35).
하지만 하나님의 인자하심은 하나님의 약속을 믿는 자들에게
상급을 주신다. 그래서 이스라엘 자손의 열 지파의 지휘관들이
가나안 땅을 악평할 때, 요동하지 아니하고, 주의 말씀으로 백성
을 안돈시킨 여호수아와 갈렙과 당시 계수되지 아니한 20세 미
만의 백성은 40년 동안 광야를 지나 가나안 땅에 들어갈 수 있
었다.
따라서 우리는 하나님의 긍휼하심과 신앙만이 우리를 영원한
소망인 천국으로 인도하는 능력이 된다는 사실을 인지하고, 성
령의 능력으로 신앙을 새롭게 해야 할 것이다.

"여호와께서 모세와 아론에게 말씀하여 이르시되 나를 원망하는 이 악한 회중에게 내가 어느 때까지 참으랴 이스라엘 자손이 나를 향하여 원망하는 바 그 원망하는 말을 내가 들었노라 그들에게 이르기를 여호와의 말씀에 내 삶을 두고 맹세하노라 너희 말이 내 귀에 들린 대로 내가 너희에게 행하리니"

— 민 14:26-28

26-28절 절대자가 암시된 말씀과 행과 불행으로 작용할 수 있는 말씀과 큐티

이스라엘 자손이 하나님을 원망한다. 그들에 대한 하나님의 사랑과 능력을 믿지 아니하고 또 가나안 땅에 대한 약속을 믿지 아니한 까닭에 하나님을 원망한다. 여기에 진노하신 하나님께서는 본문 27절 하반절에서 "나를 향하여 원망하는 바 그 원망하는 말을 내가 들었다"라고 하신다. 특히 본문에서는 절대적이고 불변하신 하나님에 대한 암시와 성도에게 행복과 불행으로 작용할 수 있는 말씀이 기록되어 있다. 그렇다면 본문 중에서 절대자가 암시된 말씀과 성도에게 행복과 불행으로 적용할 수 있는 말씀과 큐티는?

하나님께서 본문 28절 중반절에서 "내 삶을 두고 맹세하노니"라고 하셨다. 이는 하나님께서 스스로 절대자 되심을 암시한 말씀이다.

예컨대 누군가 '맹세'한다고 했을 때 자신보다 더 탁월한 자의 권위를 증거로 내세워 맹세한다. 하지만 절대자 하나님은 홀로 영원하시고, 당신보다 더 뛰어난 자가 존재하지 않는다. 이 때문에 하나님은 자신의 삶, 즉 자신의 이름을 두고 맹세하신 것이다.

또 하나님께서 본문 28절 하반절에서 "내 말이 내 귀에 들린 대로 내가 너희에게 행하리니"라고 하셨다. 여기서 '내 말이'란 백성의 불신앙의 말이었다. 즉 그들은 하나님의 능력과 인도, 특히 가나안 땅에 대한 약속을 믿기보다 기골이 장대한 가나안 원주민들에 대해 두려워하고, 가나안 정벌이 불가능하다고 단정하며, 모세와 아론을 원망했다. "가나안 족속이 하나님의 백성보다 더 강하다"라고 하고, 가나안인과 전쟁한다고 했을 때, "장정들은 가나안 족속의 칼에 사망하고 처자들은 사로잡힌다"라고 단정했다. 그래서 본문 28절 하반절에 "내 말이 내 귀에 들린 대로 내가 너희에게 행한다"라는 말씀은 하나님께서 그들이 말한 대로 갚으시겠다는 뜻이다.

결국 모세와 아론을 원망한 이스라엘 자손들은 광야 40년을 지나는 동안 모두 사망했고, 오히려 그들이 염려했던 유아들은 약속의 땅을 기업으로 받았다.

따라서 우리는 하나님께서 우리를 복된 삶으로 인도해 주시도록 정적이고 창조적인 언어를 사용할 줄 알아야 할 것이다(잠 12:14).

"너희 시체가 이 광야에 엎드러질 것이라 너희 중에서 이십 세 이상으로서 계수된 자 곧 나를 원망한 자 전부가 여분네의 아들 갈렙과 눈의 아들 여호수아 외에는 내가 맹세하여 너희에게 살게 하리라 한 땅에 결단코 들어가지 못하리라"

—— 민 14:29-30

29-30절　20세 이상 계수된 자

하나님께서는 계수 된 자 20세 이상의 백성은 광야 40년을 지나는 동안 광야에서 죽게 되고 신앙의 사람, 여호수아와 갈렙 외 20세 미만의 이스라엘 자손만 "가나안 땅의 주역이 된다"라고 예고하신다. 그렇다면 가나안이 천국의 모형이라고 했을 때, 20세 이상 계수된 백성에게 내려진 징계는 무엇을 뜻할까?

　　여기서 '20세 이상 계수된 자'란 출애굽과 홍해의 구원을 목도하고, 광야에서의 기적까지도 체험한 자들이다. 그런데도 그들은 하나님의 약속과 능력과 인도를 믿는 여호수아와 갈렙의 말보다 가나안 땅의 사람들을 두려워하는 열 지파 지휘관들의 말을 듣고 하나님을 원망하며 애굽으로 돌이키려 했다.

　　한편 하나님께서는 가나안 땅을 악평한 열 지파 지휘관들과 또 그들의 말을 듣고 동요된 20세 이상 계수된 자들은 가나안 땅에 들어갈 수 없게 하셨다. 이는 구원을 체험한 자들이라 해도 신앙에서 떠난 자는 천국에 들어갈 수 없다는 뜻이기도 하다(히 6:4-6). 그렇지만 실제로 구원을 체험한 자는 결코 타락할 수 없다는 것이 성서의 가르침이다(요 6:38-40; 롬 8:30-39; 살후 3:3).

　　따라서 우리는 상황을 막론하고 신앙을 지켜내고, '나는 구원받았다'라고 자인하며 주께 감사와 찬양으로 영광을 돌려야 할 것이다.

"너희가 사로잡히겠다고 말하던 너희의 유아들은 내가 인도하여 들이리니 그들은 너희가 싫어하던 땅을 보려니와 너희의 시체는 이 광야에 엎드러질 것이요 너희의 자녀들은 너희 반역한 죄를 지고 너희의 시체가 광야에서 소멸되기까지 사십 년을 광야에서 방황하는 자가 되리라"

――― 민 14:31-33

31–33절 후세대가 전 세대의 죄를 지도록 섭리하신 하나님의 의도

하나님의 계획과 인간의 생각은 하늘과 땅만큼이나 괴리가 있다. 예컨대 당시 하나님의 놀라운 능력을 체험했음에도 가나안 정벌을 두려워한 세대는 가나안 땅의 기업을 상실했고, 가나안 정벌에서의 패배를 기정사실화하며 '사로잡히겠다'라고 말한 유아들은 약속의 아름다운 땅을 기업으로 받게 된다. 그런데도 본문 33절에서 하나님께서는 가나안 땅의 약속을 받은 자들이 그곳에 들어가지 못한 자들의 죄를 지고 그들의 시체가 광야에서 소멸되기까지 광야 40년 세월을 지나게 하신다. 그렇다면 하나님께서 후세대가 전 세대의 죄를 지도록 섭리하신 하나님의 의도는 무엇이었을까?

가나안 땅에 대한 약속을 받은 자녀들이 광야 40년을 지나는 동안에 부모의 불신앙으로 인해 고생하고, 부모의 사망을 지켜봐야 했다. 그리하여 하나님께서는 그들이 주께 대한 반역의 죄가 얼마나 심각한 것인지를 깨닫게 하셨고, 오직 순종만이 하나님을 영화롭게 하며 복과 은혜를 기대할 수 있는 유일한 통로임을 알게 하셨다.

따라서 우리는 불신앙을 청산하여 자신뿐만 아니라 후세대까지 고생의 짐을 지지 않도록 해야 할 것이다.

"너희는 그 땅을 정탐한 날 수인 사십 일의 하루를 일 년으로 쳐서 그 사십 년간 너희의 죄악을 담당할지니 너희는 그제서야 내가 싫어하면 어떻게 되는지를 알리라 하셨다 하라 나 여호와가 말하였거니와 모여 나를 거역하는 이 악한 온 회중에게 내가 반드시 이같이 행하리니 그들이 이 광야에서 소멸되어 거기서 죽으리라"

———————————————————————————— 민 14:34-35

34-35절 신세대에 대한 하나님의 바람과 그들에게 나타내신 하나님의 은혜

하나님께서는 알곡과 가라지 비유에서 위선자들의 심판을 예고하셨다(마 13:24-30). 하지만 하나님의 심판은 은혜 안에 있는 자, 즉 가나안 정벌의 주역들을 위해 연기되기도 한다.

한편 오늘 본문 34절 상반절-중반절에서는 죄지은 자들을 당장에 심판하지 아니하시고, "가나안 땅을 정탐한 날 수인 사십 일의 하루를 일 년으로 쳐서 그 사십 년간 너희의 죄악을 담당할지니"라고 말씀하셨다. 또 본문 35절에서 하나님은 불신앙의 폐해가 얼마나 크고 심각한지에 대해 다시 역설하셨다. 특히 본문 34절 하반절에서는 "그제서야 내가 싫어하면 어떻게 되는지를 알리라 하셨다 하라" 하셨다. 그런데 34절 하반절의 말씀은 하나님의 약속을 저버린 까닭에 광야 40년 동안 죽게 될 운명에 직면한 20세 이상을 가리킨 말이기도 하지만 20세 미만의 새 세대를 위한 하나님의 바람과 또 그들에게 나타내신 하나님의 은혜이기도 하다. 그렇다면 34절 하반절 말씀에서 내포한 신세대에 대한 하나님의 바람과 또 그들에게 나타내신 하나님의 은혜는 어떤 것일까?

여호수아와 갈렙 외 20세 이상으로서 계수된 자, 곧 하나님을 원망한 모든 자는 광야 40년 동안 생명의 불꽃이 꺼져갔다. 이는 죄지은 자, 즉 불순종한 자들에 대한 하나님의 징벌이었다. 하지만 주 하나님께서는 선대들의 사멸을 통해서 신세대들에게 은혜를 나타내셨다. 즉 신세대가 불신앙의 폐해가 어떠한지 절감하게 하여 선대가 범죄한 불신앙의 전철을 밟지 않도록 하셨다. 이는 하나님의 바람의 성취인 반면 신세대들에게는 하나님의 은혜다.

그런데 하나님의 바람과 신세대들에게 나타내신 하나님의 은혜는 40년이란 장구한 세월을 통해서 성취되었다.

따라서 고난 중에도, 또 오랜 세월을 통해서 성도에 대한 선한 의도를 성취하시는 하나님을 믿는 우리는 일관된 자세로 인내하며 신앙을 시켜야 할 것이다.

"모세의 보냄을 받고 땅을 정탐하고 돌아와서 그 땅을 악평하여 온 회중이 모세를 원망하게 한 사람 곧 그 땅에 대하여 악평한 자들은 여호와 앞에서 재앙으로 죽었고 그 땅을 정탐하러 갔던 사람들 중에서 오직 눈의 아들 여호수아와 여분네의 아들 갈렙은 생존하니라"

———————————————————————— 민 14:36-38

36-38절 구원과 심판의 기준

　본문에는 모세의 보냄을 받고 가나안 땅을 정탐하고 돌아온 열두 지파 지휘관 중에서 눈의 아들 여호수아와 여분네의 아들 갈렙 외 그 땅을 악평한 열 지파의 지휘관들이 여호와 앞에서 재앙으로 죽는다.

　한편 여호수아와 갈렙은 4-10절에서 약속의 땅에 대해 긍정적인 평가를 하다가 회중들이 돌로 치려 하므로 위기에 직면한 바 있다. 하지만 하나님께서는 가나안 땅의 약속을 수용한 여호수아와 갈렙은 구원하시고, 그 땅을 악평한 자들은 심판하셨다. 그런데 본문에는 심판과 구원의 기준이 극명하게 나타나 있다. 그렇다면 무엇이 구원과 심판의 기준이 될까?

　애당초 모세의 보냄을 받고 가나안 땅을 정탐한 열두 지파 지휘관들은 자격에 있어서 동등한 자들이었다. 그렇지만 눈의 아들 여호수아와 여분네의 아들 갈렙만 약속의 땅에 들어가고, 열 지파의 지휘관들은 여호와 앞에서 재앙으로 죽었다. 이는 주의 재림과 함께 성취될 구원과 심판에 대한 예표이기도 하다. 즉 천국의 약속을 믿고 영적인 분투를 두려워하지 아니한 자에게 구원을 약속하시고, 천국을 불신하고 현세만을 추구한 자를 심판하신다는 예표이기도 하다.

　따라서 신앙과 불신앙이 구원과 심판의 기준이라고 믿는 우리는 자신의 신앙을 시험하고 확증할 수가 있어야 할 것이다(고후 13:5).

> "모세가 이 말로 이스라엘 모든 자손에게 알리매 백성이 크게 슬퍼
> 하여 아침에 일찍이 일어나 산 꼭대기로 올라가며 이르되 보소서
> 우리가 여기 있나이다 우리가 여호와께서 허락하신 곳으로 올라가
> 리니 우리가 범죄하였음이니이다 모세가 이르되 너희가 어찌하여
> 이제 여호와의 명령을 범하느냐 이 일이 형통하지 못하리라"
>
> —— 민 14:39-41

39–41절 이스라엘 자손의 행동에서 회개의 열매라고 볼 수 없는 것

가나안을 정탐하고 돌아와서 그 땅을 악평한 열 지파의 지휘관들이 심판을 받아 여호와 앞에서 죽었다. 이리하여 본문 39절에서는 약속의 땅을 악평한 자들의 말을 듣고 하나님과 모세를 원망한 자들이 크게 슬퍼한다. 40절에서는 가나안 정벌을 승리로 인도하시는 하나님의 능력을 믿지 아니한 자들이 막상 불신앙에 대한 심판이 예고되자, 슬퍼하며 "하나님께 범죄했다"라고 하며, 아침 일찍이 일어나 산꼭대기로 올라가며 가나안 정벌을 위한 용사같이 나선다. 그렇지만 본문에는 이스라엘 자손의 행동이 회개에서 연유한 것이 아니란 사실이 잘 드러나 있다. 그렇다면 이스라엘 자손의 행동에서 회개의 열매라고 볼 수 없는 것은 무엇일까?

이스라엘 자손은 하나님의 명령과 배치되게 행동을 했다. 하나님께서 "올라가서 그 땅을 차지하라"라고 하셨지만, 하나님의 약속과 능력보다 가나안인을 두려워한 나머지 그 땅을 악평하고, 하나님과 모세와 아론을 원망했다(14:1-3; 신 1:21).

한편 하나님께서 약속을 믿지 아니한 백성의 불신앙을 심판하

시자(26-35), 이스라엘 자손은 이미 작정된 징벌을 피하기 위해 여호와께서 지시하시지도 아니한 전쟁을 자청하였다(40). 이로 보건대 그들의 행동은 징벌에서 벗어나기 위한 광적인 몸부림일 뿐(41절), 회개를 입증할만한 열매라고 볼 수 없다(39절).

따라서 우리는 하나님의 말씀을 좇는 실천만이 회개의 열매가 된다는 사실을 인지하고, 말씀을 실천하는 신앙생활을 해야 할 것이다.

"여호와께서 너희 중에 계시지 아니하니 올라가지 말라 너희의 대적 앞에서 패할까 하노라 아말렉인과 가나안인이 너희 앞에 있으니 너희가 그 칼에 망하리라 너희가 여호와를 배반하였으니 여호와께서 너희와 함께 하지 아니하시리라 하나 그들이 그래도 산 꼭대기로 올라갔고 여호와의 언약궤와 모세는 진영을 떠나지 아니하였더라 아말렉인과 산간지대에 거주하는 가나안인이 내려와 그들을 무찌르고 호르마까지 이르렀더라"

―― 민 14:42-45

42-45절 이스라엘 자손이 대적을 이기지 못한 연유

하나님의 말씀, 즉 하나님의 약속을 믿지 아니한 상태는 하나님을 떠난 행위와 일반이다. 그런데 그들은 하나님의 약속을 믿지 아니하고 가나안 정벌을 두려워하였다. 결국 그들은 불신앙의 심판을 받게 되었고(26-35), 가나안 땅을 악평한 지휘관들이 여호와의 심판으로 죽게 되자, 두려운 나머지 가나안 정벌의 의지를 보이며 진영을 떠나 산 꼭대기로 올라갔다. 그렇지만 모세는 본문 42절 상반절에서 "여호와께서 너희 중에 계시지 아니하니"라고 하며, 그들을 만류한다. 하지만 그들은 완강히 진격하다가 결국 아말렉인과 산간지대에 거주하는 가나안인들에게 대패한다. 그런데 본문에는 이스라엘 자손이 대패하게 된 연유에 대한 말씀이 있다. 그렇다면 이스라엘 자손이 대적을 이기지 못한 연유는 어디에 있을까?

모세는 이스라엘 자손에게 "여호와께서 너희 중에 계시지 않는다"라고 하였다. 이는 하나님께서 이스라엘 백성의 인도자로 더 이상 말하지 않겠다는 의미로, '그들의 일을 상관하지 않겠다'라는 뜻이다. 이 때문에 그들은 기골이 장대한 아말렉인과 산간지대에 거주하는 가나안인을 이길 수가 없었다. 이는 본문의 이스라엘 자손뿐만 아니라 하나님의 백성 모두에게 해당하는 말씀이다. 즉 하나님께서 성도와 함께하실 때 성도들에게 능력이 나타나고, 사탄의 궤계를 물리치며 승리할 수 있다(사 7:14; 8:8; 마 1:23).

따라서 우리는 하나님께서 우리 중에 계시도록 순종의 능력이 있어야 할 것이다.

15장
제사와 속죄 규례

본장에서 19장까지는 출애굽 제2년 가데스 바네아 사건 후 제40년 세렛 시내 앞까지 38년간 광야 생활 중 전해진 말씀들이다(신 2:14). 그 중 본장은 레위기 제사 규례의 보충적 내용이다(레 1-7장). 특히 본장에 기록된 율법은 출애굽 제38년째가 되는 광야 생활 말기에 주어졌던 것으로 추측되고(신 2:14), 또 본장에 기록된 율법을 실천할 자들은 출애굽 2세대로, 광야에서 최후를 맞이할 구세대가 아닌 14장에 기록된 가데스 바네아에서의 사건 당시 20세 미만이었던 자들과 그 이후에 태어난 신세대들이다.

한편 이방인까지 포함한 제사법 제도를 통해 신앙의 보편성과 구원의 개방성이 암시되고 있다.

"여호와께서 모세에게 말씀하여 이르시되 이스라엘 자손에게 말하
여 그들에게 이르라 너희는 내가 주어 살게 할 땅에 들어가서"

— 민 15:1-2

1-2절 새 세대에 나타난 주의 은혜

아담의 범죄 이후로 인간은 언제나 구속사의 관점에서 볼 때 영적,
도덕적으로 실패와 타락의 연속이었다. 그런데 가나안 입국에 실패한
반역한 이스라엘 자손의 구세대를 통해서도 부패하고 무능력한 인간
의 존재가 확연하게 드러났다(14:30). 하지만 본문에는 구세대에서 발
견할 수 없는 새 세대에 대한 하나님의 은혜가 발견된다. 그렇다면 본
문에서 새 세대에 나타난 주의 은혜는 어떤 것일까?

출애굽 구세대들은 가나안 입국에 실패했다. 하지만 본문 2절
하반절에서 하나님은 "너희는 내가 주어 살게 한 땅에 들어가
서"라고 말씀하시며, 새 세대에 대한 하나님의 은혜를 나타내셨
다. 즉 하나님께서는 가나안 입국에 실패한 구세대와 달리 새
세대에 대한 가나안 입국을 확정하시며 은혜를 나타내셨다. 그
런데 주 하나님께서 은혜를 나타내신 대상은 주의 말씀의 순종
을 배운 새 세대였다.

따라서 주 하나님의 은혜를 소망하는 우리는 말씀을 좇는 자
들이 돼야 할 것이다.

> "여호와께 화제나 번제나 서원을 갚는 제사나 낙헌제나 정한 절기
> 제에 소나 양을 여호와께 향기롭게 드릴 때에"
>
> —— 민 15:3

3절　향기로운 제사의 수단과 제사의 수단의 상징

본문에서는 화제, 번제, 서원제, 낙헌제, 정한 절기제가 있다. 여기서 '화제'란 번제와 소제를 비롯하여 제단 위에서 불에 태워 드리는 제사를 말한다.

또 '서원을 갚는 제'란 하나님께 특별히 맹세하여 드리는 제사로(레 22:21; 27:2), 자신의 몸을 구별하여 드리는 나실인의 서원 제사가 좋은 예다(6:1-21). 그런데 이 제사는 하나님께 맹세한 것이므로 결코 변경할 수 없었고, 반드시 하나님께 드리도록 했다(시 15:4; 전 5:6).

또 '낙헌제'란 감사제, 서원제와 더불어 화목제의 3가지 제사 중 하나로, 자발적이고 즐거운 마음으로 하나님께 예물을 드리는 자원제를 말한다(레 7:15-18). 그런데 낙헌제의 제물은 소, 양, 염소의 흠 없는 수컷으로 화목제나 번제로 드렸고, 그 희생 제물의 고기는 이튿날까지 다 먹을 것이며 제3일까지 남았으면 불살라 버려야 했다(레 7:16, 17).

또 '정한 절기제'란 해마다 정해진 절기에(레 23장) 예물을 드리는 제사다(레 23:37, 38). 이때 이스라엘 백성들은 여러 가지 행사를 했는데, 먼지 성회를 가지고 안식했고, 하나님께 예물을 드렸다(레 23:33-44). 이는 영원한 내세에 들어간 성도들의 하나님을 중심으로 한 즐거움을 상징하기도 한다(계 7:9-17). 그런데 본문에서 이 제사를 가리켜 "여호와께 향기롭게 드릴 때에"라고 했다. 그렇다면 향기로운 제사의 수단은 무엇이며, 제사의 수단은 무엇을 상징할까?

향기로운 제사의 수단은 화제, 즉 여호와의 불이다. 하나님께서는 화제로 드린 제사를 가리켜 "여호와께 향기로운 냄새니라"라고 말씀하셨다. 여기서 '화제'란 십자가에서 인류의 대속을 위해 완전히 자신을 버리신 그리스도에 대한 예표다. 그래서 사도 바울은 에베소서 5:2 중반절 이하에서 "그는 우리를 위하여 자신을 버리사 향기로운 제물과 희생 제물로 하나님께 드리셨느니라"라고 했다. 이리하여 주를 좇는 성도, 즉 우리도 주 안에서 희생하며 자신을 부인했을 때 하나님께서 받으실 만한 아름다운 향기의 행실을 할 수 있다. 그런데 제사의 수단의 상징인 성령의 불의 능력만이 하나님께서 받으실 만한 향기가 있는 아름다운 삶이 되게 한다.

따라서 하나님께서 받으실 만한 향기 있는 삶을 소망하는 우리는 기쁘게 성령의 통치를 수용할 수 있어야 할 것이다.

"그러한 헌물을 드리는 자는 고운 가루 십분의 일에 기름 사분의 일 힌을 섞어 여호와께 소제로 드릴 것이며 번제나 다른 제사로 드리는 제물이 어린 양이면 전제로 포도주 사분의 일 힌을 준비할 것이요 숫양이면 소제로 고운 가루 십분의 이에 기름 삼분의 일 힌을 섞어 준비하고"

— 민 15:4-6

4-6절　소제에서 나타난 성도의 축복

　하나님께서는 이스라엘 자손이 가나안 땅에 들어갔을 때 화제, 번제, 서원을 갚는 제사, 낙헌제, 정한 절기제 뿐만 아니라 본문에서는 소제를 드리게 하셨다. '소제'란 곱게 빻은 밀이나 보리 등으로 기름을 섞어 화제로 드렸다. 그런데 곱게 빻았다는 것은 영적으로 자기 부인을 상징하기도 하고, 기름은 성령을 상징하기도 한다. 그렇다면 성도의 모습이 영적으로 소제의 모습이라고 했을 때 무엇이 성도에게 따를까?

> 　자기 부인의 소제의 모습은 성령의 능력으로 단련된 성도의 모습이다. 그런데 소제의 모습은 영적인 승리가 따르고, 또 영적인 승리로 인한 기쁨이 따른다.
> 　따라서 승리와 기쁨의 신앙생활을 소망하는 우리는 항상 성령 충만의 은혜가 있어야 할 것이다.

　"번제나 다른 제사로 드리는 제물이 어린 양이면 전제로 포도주 사분의 일 힌을 준비할 것이요 숫양이면 소제로 고운 가루 십분의 이에 기름 삼분의 일 힌을 섞어 준비하고 전제로 포도주 삼분의 일 힌을 드려 여호와 앞에 향기롭게 할 것이요 번제로나 서원을 갚는 제사로나 화목제로 수송아지를 예비하여 여호와께 드릴 때에는 소제로 고운 가루 십분의 삼 에바에 기름 반 힌을 섞어 그 수송아지와 함께 드리고"

―――――――――――――――――――――――――――― 민 15:5-9

5-9절　전제에서 나타난 성도의 아름다운 삶

'전제'란 '붓다', '따르다'로서 번제물이나 화목제물 위에 포도주나 기름, 피, 드물게는 독주 등의 액체를 부어드리는 제사의 한 방법이다. 이는 그리스도의 속죄에 대한 감사와 성령의 역사를 상징한다(사 55:1; 행 2:16-18). 그래서 전제는 하나님께서 기뻐하시는 향기로운 제물을 더욱 아름답게 한다. 그런데 하나님께로 나아가는 성도들에게 있어서 하나님께서 기뻐하시는 향기란 그리스도의 대속을 믿는 신앙이다. 그렇다면 하나님께서 기뻐하시는 향기뿐만 아니라 그 무엇이 전제에 상응한 아름다운 성도의 삶이 되게 할까?

하나님께서 기뻐하시는 향기는 예수 그리스도를 믿는 신앙이다. 그런데 전제는 번제물이나 화목제물 위에 부어드리는 제사로 성령의 역사를 상징한다. 이 때문에 전제에 상응한 아름다운 성도의 삶은 성령의 역사로 말미암은 성령의 아홉 가지 열매를 가리킨다.

따라서 아름다운 삶을 통해서 하나님께 영광 돌리고자 하는 우리는 성령 충만하고, 풍성한 성령의 열매를 맺어야 할 것이다(요 15:1-9; 갈 5:22-23).

"여호와께서 모세에게 말씀하여 이르시되 이스라엘 자손에게 말하여 그들에게 이르라 너희는 내가 주어 살게 할 땅에 들어가서 여호와께 화제나 번제나 서원을 갚는 제사나 낙헌제나 정한 절기제에 소나 양을 여호와께 향기롭게 드릴 때에 그러한 헌물을 드리는 자는 고운 가루 십분의 일에 기름 사분의 일 힌을 섞어 여호와께 소제로 드릴 것이며 번제나 다른 제사로 드리는 제물이 어린 양이면 전제로 포도주 사분의 일 힌을 준비할 것이요 숫양이면 소제로 고운 가루 십분의 이에 기름 삼분의 일 힌을 섞어 준비하고 전제로 포도주 삼분의 일 힌을 드려 여호와 앞에 향기롭게 할 것이요 번제로나 서원을 갚는 제사로나 화목제로 수송아지를 예비하여 여호와께 드릴 때에는 소제로 고운 가루 십분의 삼 에바에 기름 반 힌을 섞어 그 수송아지와 함께 드리고 전제로 포도주 반 힌을 드려 여호와 앞에 향기로운 화제를 삼을지니라"

— 민 15:1-10

1-10절　본문의 제사에서 동일하게 요청되는 것

본문은 번제, 서원을 갚는 제, 낙헌제, 정한 절기제, 소제, 전제들에 대한 기록이다. 여기서 제사는 다양하지만 모든 제사에서 동일하게 요청되는 것이 있다. 그렇다면 본문의 모든 제사에서 하나님께서 동일하게 요청하시는 제사는 무엇일까?

본문에서 기록된 제사 등 소제, 화목제, 속죄제, 속건제 등 모든 제사는 반드시 화제 곧 제물을 불태워 그 연기로 드리는 제사다. 그런데 향기로 주를 기쁘시게 해 드리는 제사가 화제다. 다. 여기서 영적으로 화제란 성령의 상징으로, 인본주의가 아닌 신본주의, 즉 진리와 주의 성령으로 드리는 예배요, 성령이 통치하시는 신앙생활이다.

따라서 우리는 주의 대속과 성령으로 주를 섬기고, 주의 대속과 성령의 은혜가 중심인 신앙생활을 해야 할 것이다.

"수송아지나 숫양이나 어린 숫양이나 어린 염소에는 그 마리 수마다 위와 같이 행하되 너희가 준비하는 수효를 따라 각기 수효에 맞게 하라 누구든지 본토 소생이 여호와께 향기로운 화제를 드릴 때에는 이 법대로 할 것이요 너희 중에 거류하는 타국인이나 너희 중에 대대로 있는 자나 누구든지 여호와께 향기로운 화제를 드릴 때에는 너희가 하는 대로 그도 그리할 것이라 회중 곧 너희에게나 거류하는 타국인에게나 같은 율례이니 너희의 대대로 영원한 율례라 너희가 어떠한 대로 타국인도 여호와 앞에 그러하리라 너희에게나 너희 중에 거류하는 타국인에게나 같은 법도, 같은 규례이니라"

— 민 15:11-16

11-16절 누구든지 동일한 방법으로 드리는 제사

이스라엘 자손이나 이방인이나 한 법대로 동일하게 제사를 드리게 하였다. 그런데 여기에는 복음의 의도가 있다. 그렇다면 이스라엘 자손이나 이방인이나 한 법대로 동일하게 제사를 드리게 하신 연유는 어디에 있을까?

이스라엘 자손이나 이방인이나 한 법대로 하나님을 섬기게 하셨다. 이는 하나님을 섬기는 데 있어서 이방인을 차별하지 않고, 동일하게 섬기도록 하신다는 뜻이다. 또 이스라엘 자손이나 이방인이나 한 법대로 하나님을 섬기도록 한 것은 하나님 앞에 선 인간은 누구든지 주의 대속의 은혜가 필요한 죄인이란 뜻이다.

따라서 우리는 온 인류에게 개방된 구원과 죄에서 완전할 수 없는 인간의 연약함을 인정하고(롬 3:9-18), 회개의 열매를 풍성하게 맺어야 할 것이다(마 3:8-12; 4:17).

"여호와께서 모세에게 말씀하여 이르시되 이스라엘 자손에게 말하여 이르라 너희는 내가 인도하는 땅에 들어가거든 그 땅의 양식을 먹을 때에 여호와께 거제를 드리되 너희의 처음 익은 곡식 가루 떡을 거제로 타작 마당의 거제 같이 들어 드리라 너희의 처음 익은 곡식 가루 떡을 대대에 여호와께 거제로 드릴지니라"

—— 민 15:17-21

17-21절 첫 열매의 예표와 열매가 보증하는 것

'거제'란 제물을 상하로 흔들어서 여호와께 헌납하는 제사다(레 23:10-14). 이것은 하나님께 바쳤다가 제사장이 다시 하나님으로부터 받은 것을 의미한다(출 29:27-28; 레 7:14, 32).

한편 하나님께서는 약속의 땅에 들어간 이스라엘 자손에게 처음 익은 곡식 단을 거제로 바치게 하셨다. 이것은 무엇보다 먼저 하나님을 높이는 것을 의미하기도 하고, 이것을 하나님께 헌상함으로 모든 축복이 하나님으로 말미암고, 모든 곡식이 하나님의 소유임을 고백하게 된다. 특히 처음 추수한 곡식, 즉 그 해 첫 열매, 첫 단은 하나님께서 받으실 만한 모든 곡식을 대표하는 예표이기도 한다. 그렇다면 첫 열매의 예표는 누구를 가리키며 이는 무엇을 보증할까?

> 첫 열매란 부활하신 예수 그리스도를 예표하고(롬 8:23; 고전 15:23; 약 1:18; 계 14:4), 첫 열매가 모든 수확의 시작이요 보증이 되듯이 부활의 첫 열매 되신 그리스도는 모든 성도의 부활의 보증이 된다.
>
> 따라서 우리는 생명의 부활의 시작이 되시기까지 십자가에서 고난당하신 그리스도를 상기하고, 충성하여 주께 영광을 돌려야 할 것이다.

"너희가 그릇 범죄하여 여호와가 모세에게 말씀하신 이 모든 명령을 지키지 못하되 곧 여호와께서 모세를 통하여 너희에게 명령한 모든 것을 여호와께서 명령한 날 이후부터 너희 대대에 지키지 못하여 회중이 부지중에 범죄하였거든 온 회중은 수송아지 한 마리를 여호와께 향기로운 화제로 드리고 규례대로 소제와 전제를 드리고 숫염소 한 마리를 속죄제로 드릴 것이라 제사장이 이스라엘 자손의 온 회중을 위하여 속죄하면 그들이 사함을 받으리니 이는

그가 부지중에 범죄함이며 또 부지중에 범죄함으로 말미암아 헌물
곧 화제와 속죄제를 여호와께 드렸음이라 이스라엘 자손의 온 회
중과 그들 중에 거류하는 타국인도 사함을 받을 것은 온 백성이 부
지중에 범죄하였음이니라"

———————————————————————————— 민 15:22-26

22-26절　죄를 깨달은 자가 드리는 속죄제

본문 22절 서두에서 "부지중에 범죄하였거든"이라고 하였다. 여기서
그릇 범한 죄는 '고의성 없이 단순히 실수로 죄를 저지르다'라는 뜻이
다. 이는 인간의 한계나 연약한 본성을 일깨우는 불가항력적인 범죄
이기도 하다. 그런데 '그릇 범한 죄'를 용서받기 위해서는 먼저 자신의
죄를 깨닫고, 하나님께 속죄를 위한 제사를 드려야 했다.

한편 죄와 속죄를 위한 제사는 하나의 예표로서 죄와 속죄를 위한
제사는 불가분의 관계에 놓여 있다. 그렇다면 어떠한 연유에서 죄를
깨달은 자에게 속죄를 위한 제사를 드리게 했을까?

구약 시대에 제물을 잡아 피를 가지고 주께 제사하는 것은 십
자가에서 피 흘려 돌아가신 인류의 대속자이신 그리스도에 대한
예표였다. 이 때문에 죄를 깨달은 자마다 예수 그리스도의 예표
인 속죄의 제사를 드리게 했다.

따라서 예수 그리스도로만 완전한 용서가 된다는 사실을 믿는
우리는 그리스도께 나아가 회개의 열매를 풍성하게 맺어야 할
것이다.

"회중이 부지중에 범죄하였거든 온 회중은 수송아지 한 마리를 여호와께 향기로운 화제로 드리고 규례대로 소제와 전제를 드리고 숫염소 한 마리를 속죄제로 드릴 것이라 제사장이 이스라엘 자손의 온 회중을 위하여 속죄하면 그들이 사함을 받으리니 이는 그가 부지중에 범죄함이며 또 부지중에 범죄함으로 말미암아 헌물 곧 화제와 속죄제를 여호와께 드렸음이라 이스라엘 자손의 온 회중과 그들 중에 거류하는 타국인도 사함을 받을 것은 온 백성이 부지중에 범죄하였음이니라 만일 한 사람이 부지중에 범죄하면 일 년 된 암염소로 속죄제를 드릴 것이요 제사장은 그 부지중에 범죄한 사람이 부지중에 여호와 앞에 범한 죄를 위하여 속죄하여 그 죄를 속할지니 그리하면 사함을 얻으리라"

── 민 15:24-28

24-28절   회중이 드리는 속죄제물을 더 무겁게 하신 연유

본문에는 회중과 개인이 부지중에 범죄한 것에 대하여 다룬다. 하지만 부지중에, 즉 알지 못한 중에 범죄했을지라도 하나님의 공의에 의해 반드시 판단을 받는다. 그래서 회중이든 개인이든 부지중에 지은 죄에 대해 속죄제를 드리도록 했다.

한편 회중이 지은 죄와 개인이 지은 죄에 따라 속죄 제물이 달랐다. 즉 개인이 드리는 속죄 제물보다 회중이 드리는 속죄 제물을 더 무겁게 하였다. 그렇다면 어떠한 연유에서 개인이 드리는 속죄 제물보다 회중이 드리는 속죄 제물을 더 무겁게 하였을까?

하나님께서는 개인의 죄보다 한 공동체의 죄를 더 크게 취급하셨다. 이는 교회가 사회에 끼치는 부정적인 파급 때문이다. 그래서 개인보다 범죄한 공동체가 더 무거운 속죄 제물을 드리게 했다.

따라서 교회 공동체의 일원인 우리는 교회가 선한 깃대가 되어 개인과 사회를 견인할 수 있도록 하나 되어야 할 것이다.

"만일 한 사람이 부지중에 범죄하면 일 년 된 암염소로 속죄제를 드릴 것이요 제사장은 그 부지중에 범죄한 사람이 부지중에 여호와 앞에 범한 죄를 위하여 속죄하여 그 죄를 속할지니 그리하면 사함을 얻으리라 이스라엘 자손 중 본토 소생이든지 그들 중에 거류하는 타국인이든지 누구든 부지중에 범죄한 자에 대한 법이 동일하거니와"

— 민 15:27-29

27-29절 개인의 죄에 대하여 힘에 미치는 한도 내에서 드린 예물

개인은 회중의 죄에 비해 적게 예물을 드려 속죄를 받았다(레 4:27-5:13). 즉 개인은 암염소를 제물로 드리기도 했으나(레 4:27), 힘에 미치지 못하면 어린양으로 드릴 수도 있었다(레 5:5-6). 더욱 가난한 자를 위해서는 산비둘기나 집비둘기와 함께 고운 가루를 속죄제로 드릴 수 있게 했다(레 5:7-10). 그렇다면 개인의 죄에 대하여 힘에 미치는 한도 내에서 예물을 드리게 한 연유는 어디에 있을까?

　　본문에서 부지중에 범죄한 자들에게 속죄제를 드리도록 하였
다. 이는 범죄한 자는 반드시 용서를 받아야 하기 때문이다. 하
지만 제사는 제물을 사용하여 드리는 것이고, 범죄한 자들의 재
정적인 형편이 천차만별이다. 그래서 하나님께서는 빈부를 막론
하고 제사하며 하나님께 나아올 수 있도록 형편대로 제물을 사
용하게 하셨다. 이는 누구에게나 회개의 열매를 소원하시는 하
나님의 의도였다.

　　따라서 구원을 위한 속죄 제물이 되신 그리스도를 믿는 우리
는 회개의 열매를 더욱 풍성하게 맺어야 할 것이다.

"본토인이든지 타국인이든지 고의로 무엇을 범하면 누구나 여호와
를 비방하는 자니 그의 백성 중에서 끊어질 것이라 그런 사람은 여
호와의 말씀을 멸시하고 그의 명령을 파괴하였은즉 그의 죄악이
자기에게로 돌아가서 온전히 끊어지리라"

— 민 15:30-31

30-31절　온전히 끊어지는 것

본문 30절 상반절 "본토인이든지 타국인이든지 고의로 무엇을 범하
면"이라고 했는데, 이는 공개적으로 하나님을 멸시하고, 반역하는 행
동을 말한다. 그런데 그들은 본문 31절 하반절에서 "죄악이 자기에게
로 돌아가서 온전히 끊어지리라"라고 했다. 그렇다면 온전히 끊어진다
는 것은 무엇을 의미할까?

고의로 하나님을 대적하는 것은 하나님께 반역하는 행동을 말
한다. 그런데 하나님께서는 이러한 자들을 '온전히 끊어버리신
다'라고 하셨다. 여기서 '온전히 끊어버리시는 죄'란 주의 대속
과 성령의 역사와 관련하여 하나님을 반역하고 욕되게 하는 것
으로, 자기 생명으로 그 죄의 대가를 치르도록 했다(레 24:10
-16). 그런데 이는 신약성경에서도 결코 용서받지 못할 죄로 규
정하고 있고(마 12:31; 히 10:26-31), 사망에 이르는 죄라고 했다.
　따라서 우리는 고의로 하나님의 말씀을 짓밟거나 구속사적인
측면에서 주를 저버리는 죄에서 떠나야 할 것이다.

"이스라엘 자손이 광야에 거류할 때에 안식일에 어떤 사람이 나무
하는 것을 발견한지라 그 나무하는 자를 발견한 자들이 그를 모세
와 아론과 온 회중 앞으로 끌어왔으나 어떻게 처치할는지 지시하
심을 받지 못한 고로 가두었더니 여호와께서 모세에게 이르시되
그 사람을 반드시 죽일지니 온 회중이 진영 밖에서 돌로 그를 칠지
니라 온 회중이 곧 그를 진영 밖으로 끌어내고 돌로 그를 쳐죽여서
여호와께서 모세에게 명령하신 대로 하니라"

———————————————————————— 민 15:32-36

32-36절　나무하러 나간 자의 불신앙과 진영 밖에서의 처형의 의미

하나님께서 안식일에 노동을 금지하셨다. 하지만 이스라엘 자손이
광야에 거류할 때에 안식일에 어떤 사람이 나무하러 갔다가 여러 사
람에게 발견되고, 결국 이 사람은 하나님의 뜻에 의해 진영 밖에서,
즉 이스라엘 공동체 밖에서 돌에 맞아 죽임을 당했다.

한편 본문에서 불순종하여 사형당한 자는 하나님께 대한 불신앙 때
문에 나무하러 나갔다. 그런데 나무하러 나간 자의 불신앙과 진영 밖
에서 처형을 당한 것은 상호 관련이 있다. 그렇다면 안식일에 나무하
러 나간 자의 불신앙은 무엇이며, 진영 밖에서 처형당한 것은 무엇을 의
미할까?

하나님께서는 당신의 자녀들에게 일용할 양식을 약속하셨다
(마 6:11; 요 6:26-27). 이 때문에 본문에서 이스라엘 자손에게 일
용할 양식을 약속하신 하나님께서는 안식일 전날에 갑절의 만나
를 더 거두게 하여 노동을 금지한 안식일에도 먹을 수 있도록
하셨다(출 16:21-26). 그런데도 본문에서 어떤 사람은 안식일에

나무하러 갔다. 이는 일용할 양식을 비롯해서 필요한 모든 것을 공급해 주시는 하나님의 약속을 믿지 아니한 데서 기인한다.

한편 믿지 아니한 자들은 약속이 아닌 죄악의 산물로 얼굴에 땀을 흘려 먹을 양식을 준비해야 한다(창 3:16-21). 그뿐 아니라 그들은 본문에 기록된 진영 밖에서 심판을 받는다. 여기서 '진영 밖'이란 이스라엘 자손, 즉 주의 대속 받은 언약공동체와 상관이 없는 심판의 장소로 주의 대속의 은혜가 미치지 아니한 곳이다. 그런데 본문에서 안식일에 나무하러 간 어떤 사람은 언약 백성임에도 믿지 아니한 자 같이 자신의 필요를 위해 나무하러 갔다가 진 밖에서 긍휼 없는 심판을 받았다.

따라서 약속의 자녀인 우리는 안식일, 즉 주의 날을 즐겁게 성수하고, 주의 대속과 성령의 은혜가 미치는 범위 안에서 생활해야 할 것이다.

"여호와께서 모세에게 말씀하여 이르시되 이스라엘 자손에게 명령하여 대대로 그들의 옷단 귀에 술을 만들고 청색 끈을 그 귀의 술에 더하라 이 술은 너희가 보고 여호와의 모든 계명을 기억하여 준행하고 너희를 방종하게 하는 자신의 마음과 눈의 욕심을 따라 음행하지 않게 하기 위함이라 그리하여 너희가 내 모든 계명을 기억하고 행하면 너희의 하나님 앞에 거룩하리라 나는 여호와 너희 하나님이라 나는 너희의 하나님이 되려고 너희를 애굽 땅에서 인도해 내었느니라 나는 여호와 너희의 하나님이니라"

──────────────────────────────── 민 15:37-41

37-41절 옷술이 교만의 상징이 된 연유

본문 38절에 하나님께서는 "이스라엘 자손에게 명령하여 대대로 그들의 옷단 귀에 술을 만들고 청색 끈을 그 귀에 술에 더하라"라고 하셨다. 여기서 '술'은 의복의 끝부분이나 가장자리에 장식용으로 다는 여러 가닥의 실을 가리키는데, 이는 이스라엘 자손이 여호와의 명령을 지키며 그 앞에서 거룩한 삶을 살아야 할 것을 상기하도록 하였다. 그런데 주의 공생애에 바리새인이 옷술을 크게 하였는데, 이는 바리새인의 교만의 상징이 되기도 했다. 그렇다면 본문에 기록된 옷술과 관련된 율법이 바리새인에게 있어서는 교만의 상징이 된 연유는 어디에 있을까?

하나님께서 율법을 상기하도록 의복의 끝부분에 옷술(꽃장식)을 달게 하셨는데, 이는 거룩한 형식이었다. 하지만 예수 그리스도의 공생애 당시 바리새인은 외형적으로 율법을 잘 지키고 있음과 경건함을 드러내기 위하여 술을 크게 하였지만, 정작 중요한 율법 정신에서 떠났고, 외식적인 형식화된 신앙에 치우쳐 있었다. 그래서 아름다운 율법 정신의 표상인 옷술의 형식이 바리새인의 교만의 상징이 되고 말았다(마 23:5).

따라서 우리는 하나님과 올바른 관계를 우선시하고, 현란한 형식에 치우쳐서 진리를 저버리지 말아야 할 것이다.

16장
고라 일당의 반역

본장은 광야 생활 말기에 발생한 사건으로 광야 38년의 생활 중 마지막 시기, 즉 38년 이후의 사건이다. 고라 일당이 오랜 광야 생활에 지친 백성을 충동질하여 늙은 지도자 모세와 아론을 반역하여 정권을 잡으려 했던 기록이다.

한편 하나님께서는 신앙의 공동체에 질서를 무너뜨리려 한 고라 일당을 심판하신다. 거듭되는 백성의 원망과 함께 전염병이 돌고, 반역의 무리만 아니라 백성 중에 만 사천칠백 명이나 사망한다.

"레위의 증손 고핫의 손자 이스할의 아들 고라와 르우벤 자손 엘리압의 아들 다단과 아비람과 벨렛의 아들 온이 당을 짓고 이스라엘 자손 총회에서 택함을 받은 자 곧 회중 가운데에서 이름 있는 지휘관 이백오십 명과 함께 일어나서 모세를 거스르니라 그들이 모여서 모세와 아론을 거슬러 그들에게 이르되 너희가 분수에 지나도다 회중이 다 각각 거룩하고 여호와께서도 그들 중에 계시거늘 너희가 어찌하여 여호와의 총회 위에 스스로 높이느냐"

— 민 16:1-3

1-3절 반역자들이 모세와 아론을 반역한 연유

레위의 증손이고 고핫의 손자였으며 이스할의 아들 고라와 르우벤 자손 엘리압의 아들 다단과 아비람과 벨렛의 아들 온(이방인)과 그리고 이스라엘 총회의 지휘관 250명이 모세와 아론의 권위에 대항하는 반역에 동참했다. 그런데 반역자들은 몇 가지 연유에서 모세와 아론을 반역했다. 그렇다면 반역자들이 모세와 아론을 반역한 연유는 어디에 있을까?

반역자들은 모세와 아론이 하나님으로부터 지도자의 부르심을 받기 전까지만 해도 각 지파의 가정에서 상당한 지위를 확보한 자들이었다.

특히 반역을 주도한 모세의 사촌이었던 고라는 레위 사람이었으므로 백성들에게 주의 법도와 율례를 가르칠 수 있는 특별한 입장이었다. 하지만 고라와 그 일당들은 모세와 아론이 하나님께서 세우신 지도자라는 사실을 인식하지 못했다. 이 때문에 그들은 모세와 아론이 늙자, 회중을 빙자하여 "너희가 분수에 지나도다 회중이 다 각각 거룩하고 여호와께서도 그들 중에 계시거늘 너희가 어찌하여 여호와의 총회 위에 높이느냐"라고 하며, 그들의 교만과 욕심을 채우려 했다. 이리하여 그들은 결국 멸망하고 말았다.

따라서 우리는 하나님께서 세우신 질서에 따라 충성하고, 겸손한 신앙을 잃지 말아야 할 것이다.

"모세가 듣고 엎드렸다가"

──────────────────────────────── 민 16:4

4절 　**결연한 의지를 나타낸 모세의 기도**

모세는 고라와 그 외 반역자들이 자신과 아론을 향해 비난하는 소리를 듣자, 즉시 하나님께 엎드려 기도드렸다. 여기에는 모세의 결연한 의지가 나타나 있다. 그렇다면 모세는 무엇을 염두에 두고 기도했을까?

하나님께서 모세를 구별하시고 택하셔서 지도자의 위치를 주어 하나님을 가까이에서 섬기도록 하셨다. 하지만 반역자들이 발생하자, 모세는 그들을 저지하기보다 먼저 모든 상황을 주 하나님께 알리고 하나님의 뜻을 염두에 두고 기도를 드렸다. 즉 모세는 자리에 연연하기보다 오히려 하나님의 뜻이라면 반역한 자들에게 자기 지위를 물려주고자 했고, 또 다른 한편으로는 자신이 수행하는 직무의 정당성을 확인하고자 판결을 하나님께 맡기며 기도드렸다. 결국 하나님의 뜻을 구하며 겸손을 나타내며 기도한 모세는 5-7절의 응답을 받았다.

따라서 하나님의 뜻을 구하는 우리는 어려운 중에도 겸손을 잃지 말아야 할 것이다.

"고라와 그의 모든 무리에게 말하여 이르되 아침에 여호와께서 자기에게 속한 자가 누구인지, 거룩한 자가 누구인지 보이시고 그 사람을 자기에게 가까이 나아오게 하시되 곧 그가 택하신 자를 자기에게 가까이 나아오게 하시리니 이렇게 하라 너 고라와 네 모든 무리는 향로를 가져다가 내일 여호와 앞에서 그 향로에 불을 담고 그 위에 향을 두라 그 때에 여호와께서 택하신 자는 거룩하게 되리라 레위 자손들아 너희가 너무 분수에 지나치느니라"

—— 민 16:5-7

5-7절 "너희가 너무 분수에 지나치느니라"

하나님은 택하시고 구별하신 모세를 일생 동안 사용하셨고, 또 위임식을 통하여 거룩하게 하신 아론을 당신 가까이에서 섬기게 하셨다(출 28:1; 29:1; 레 8:12, 30). 이같이 하나님께서는 모세와 아론을 구별하시고, 또 하나님께서는 당신의 뜻대로 이 두 사람에게 지도자의 위치를 주어 하나님을 가까이에서 모시게 하셨다. 그렇지만 고라와 그 일당이 하나님의 뜻을 저버리고 모세와 아론을 반역하자, 모세는 기도하게 되었고, 하나님께서는 기도하는 모세에게 당신의 뜻, 즉 본문의 말씀을 나타내시며 누가 여호와께 가까이 나올 자로 합당한지 가려내고자 하셨다. 그래서 모세는 하나님의 명령대로 고라와 반역한 자들이 향로를 가져다가 여호와 앞에서 그 향로에 불을 담고 그 위에 향을 두도록 했다. 여기서 '향로'란 숯불을 옮기는 도구로, 번제단에서 불을 취하여 성소의 향단으로 옮겨 향을 피우는 그릇이다.

그런데 모세는 고라와 그 일당들에게 향로에 불을 담고, 그 위에 향을 두라고 명령할 때에 "너희가 너무 분수에 지나치느니라"라고 하며, 반역을 주동했던 레위 자손 고라뿐만 아니라 레위 자손들을 부르며 책망한다. 그렇다면 모세가 고라와 반역자들에게 향로를 취하게 할 때, 레위 자손 전체가 죄를 범하지 아니했음에도 "너희가 너무 분수에 지나치느니라"라고 책망한 연유는 어디에 있을까?

레위 지파의 구성원인 레위의 아들들은 세 가문을 이루었다. 즉 레위의 장자 게르손, 둘째 아들 고핫, 셋째 아들 므라리의 가문을 이루었다. 레위의 세 가문은 성막의 일을 맡아 봉사하였다.

그런데 성막 봉사 중에서 가장 중요한 봉사가 고핫 자손이 맡은 지성물 봉사였다. 여기서 '지성물'이란 언약궤와 떡상, 등대, 분향단, 번제단, 그리고 이것들에 부속된 모든 것을 가리키는데(출 30:26-29), 고핫 자손은 지성물을 관리하고 어깨에 메고 운반하는 사역을 감당했다.

하지만 본문에서 레위 지파의 본이 되어야 했던 고핫 자손이요, 모세와 아론의 친 사촌이였던 고라가 모세의 영도력에 반기를 들고 세를 규합하여 일어났다. 이는 자신이 속한 고핫 자손은 물론이요, 게르손과 므라리 자손을 충분히 충동질할 수 있는 빙거가 될 수 있었다. 그래서 모세는 고라와 반역자들을 책망할 때, 고라의 반역행위가 레위 자손 전체로 퍼지지 아니하도록 "너희가 너무 분수에 지나치느니라"라고 하며 레위 지파 전체를 향해 책망하였다. 실상 레위 자손은 회중 가운데서 선택받은 자들이었고, 모세와 아론과 고라가 속한 고핫 자손은 더욱 특별한 자들이었다. 하지만 교만한 나무지 분수를 지키지 아니했을 때 하나님께서 부여하신 권세를 대항하여 일어나는 죄를 범하고 말 았다.

따라서 우리는 충성하되, 하나님께서 세우신 질서의 범위 안 에서 충성하는 겸손과 순종이 있어야 할 것이다.

"모세가 또 고라에게 이르되 너희 레위 자손들아 들으라 이스라엘 의 하나님이 이스라엘 회중에서 너희를 구별하여 자기에게 가까이 하게 하사 여호와의 성막에서 봉사하게 하시며 회중 앞에 서서 그 들을 대신하여 섬기게 하심이 너희에게 작은 일이겠느냐 하나님이 너와 네 모든 형제 레위 자손으로 너와 함께 가까이 오게 하셨거늘 너희가 오히려 제사장의 직분을 구하느냐 이를 위하여 너와 너의 무리가 다 모여서 여호와를 거스르는도다 아론이 어떠한 사람이기 에 너희가 그를 원망하느냐"

──────────────────────────────── 민 16:8-11

8-11절 고라와 그 일당에게 결여된 것

하나님께서는 각 성도에게 재능대로 각각의 달란트를 주신다(마 25:20-30). 그리고 하나님께서는 재능대로 달란트를 사용한 자에게 갑 절의 달란트를 남기도록 복 주신다. 하지만 본문에서는 달란트 확장 이나 영적인 비전의 문제를 다룬 것이 아니고, 하나님께서 이미 한계 를 정하신 가운데서 발생한 문제를 다뤘다. 그렇다면 본문에서 고라와 함께 반역했던 자들에게 결여된 것은 무엇이었을까?

하나님께서는 레위 지파의 각 가문에 한계 범위를 정하시고 직분을 맡기셨다. 그런데 성막에서 여러 일을 분배받은 레위 가문의 자손들은 이스라엘을 대표하여 성막(회막)에서 섬기도록 선발된 자들이었다. 하지만 모든 이스라엘·백성 중에서 감사하며 충성해야 할 레위 지파였던 고라가 하나님께서 맡기신 자리를 떠나 모세의 영도력과 아론의 제사장직에 도전하여 일어났다. 이는 맡은바 충성이라기보다는 인간의 욕망의 산물인 교만이다.

따라서 우리는 항상 충성의 본질 안에서 열심을 내야 할 것이다(고전 4:2).

"모세가 엘리압의 아들 다단과 아비람을 부르러 사람을 보냈더니 그들이 이르되 우리는 올라가지 않겠노라 네가 우리를 젖과 꿀이 흐르는 땅에서 이끌어 내어 광야에서 죽이려 함이 어찌 작은 일이기에 오히려 스스로 우리 위에 왕이 되려 하느냐 이뿐 아니라 네가 우리를 젖과 꿀이 흐르는 땅으로 인도하여 들이지도 아니하고 밭도 포도원도 우리에게 기업으로 주지 아니하니 네가 이 사람들의 눈을 빼려느냐 우리는 올라가지 아니하겠노라"

—— 민 16:12-14

12-14절 다단과 아비람의 잘못된 인식과 시각

모세는 엘리압의 아들 다단과 아비람을 영적 중심지인 회막으로 부른다. 하지만 그들은 '그곳으로 올라가지 않겠다'라고 하며, 모세를 비난한다. 최종적으로 그들은 본문 14절 하반절에서 "네가 이 사람들의 눈을 빼려느냐 우리는 올라가지 아니하겠노라"라고 비난하며 모세의 명령을 거역한다. 여기서 '이 사람들의 눈을 뺀다'란 모세가 자신을 비롯한 백성을 맹인처럼 눈멀게 한다는 뜻으로, 모세가 가나안 복지라는 감언이설로 다단과 아비람을 비롯한 백성을 꾀어 광야로 끌고 다닌다고 잘못 생각한 것이다. 하지만 다단과 아비람은 가나안 땅에 대한 잘못된 인식과 모세의 지위에 대한 잘못된 시각에서 모세를 비난하였다. 그렇다면 가나안 땅에 대한 다단과 아비람의 잘못된 인식은 무엇이며, 모세의 지위에 대한 다단과 아비람의 잘못된 시각은 어떤 것일까?

엘리압과 다단은 본문 13절 상반절에서 "모세가 그들을 젖과 꿀이 흐르는 땅에서 끌어내어 광야에서 죽이려 한다"라고 했다. 여기서 '젖과 꿀이 흐르는 땅'이란 약속의 땅 가나안을 가리키는 것이 아닌 애굽을 가리킨다. 그런데 하나님께서는 애굽에서 노예로 전락한 이스라엘 자손을 구속사적인 측면에서 구원하셨다. 그렇지만 광야에서 머무는 시간이 장기화 되자, 다단과 아비람은 주 하나님의 의도를 도외시하고 현재 상황, 즉 사막에서의 생활이 고통스럽다 하여 애굽을 가리켜 '젖과 꿀이 흐르는 땅'이라고 잘못 인식했다. 또 다단과 아비람은 잘못된 시각에서 "오히려 스스로 우리 위에 왕이 되려 하느냐"(13절 하반절)라고 하며, 모세의 직위가 인간의 욕망의 산물인 것처럼 폄하했다. 결국 진리에 대한 잘못된 인식과 시각이 순종을 훼방하는 요인이 되었다.

따라서 우리는 항상 겸손한 자세로 진리를 좇아 순종할 수 있는 지각이 있어야 할 것이다.

"모세가 심히 노하여 여호와께 여짜오되 주는 그들의 헌물을 돌아보지 마옵소서 나는 그들의 나귀 한 마리도 빼앗지 아니하였고 그들 중의 한 사람도 해하지 아니하였나이다 하고"
— 민 16:5

5절　모세가 남용하지 아니한 것

다단과 아비람이 하나님의 인도와 모세에 대한 잘못된 인식과 시각으로 모세를 비난하자, 모세가 분노하며 "나는 그들의 나귀 한 마리도 빼앗지 아니하였고 그들 중의 한 사람도 해하지 아니했다"라고 한다(본문 중반절 이하). 이는 모세가 그 무엇을 남용하지 아니하고 충성하며 사명을 감당했다는 뜻이다. 그렇다면 모세가 남용하지 아니한 것은 무엇일까?

모세가 남용하지 아니하는 것은 하나님께서 그에게 부여하신 권력이다. 즉 모세는 권력을 남용하여 악을 행하지 아니했고 오히려 백성의 지도자로서 사심 없이 맡은 바 사명을 헌신적으로 수행했다. 그래서 모세는 담대히 기도하며 "그들의 허물을 돌아보지 마옵소서"라고 한 것이다. 이는 "주께서 그들이 바치는 헌물에 눈도 주지 마시옵소서"라는 뜻으로 그들이 제아무리 종교적인 열심을 보일지라도 주께서 반역하는 자들의 행사를 인정하지 아니한다는 것을 뜻한다.

따라서 우리는 하나님께서 부여하신 권세를 선용하여 주를 기쁘시게 해야 할 것이다.

"이에 모세가 고라에게 이르되 너와 너의 온 무리는 아론과 함께 내일 여호와 앞으로 나아오되 너희는 제각기 향로를 들고 그 위에 향을 얹고 각 사람이 그 향로를 여호와 앞으로 가져오라 향로는 모두 이백오십 개라 너와 아론도 각각 향로를 가지고 올지니라 그들이 제각기 향로를 가져다가 불을 담고 향을 그 위에 얹고 모세와 아론과 더불어 회막 문에 서니라 고라가 온 회중을 회막 문에 모아 놓고 그 두 사람을 대적하려 하매 여호와의 영광이 온 회중에게 나타나시니라"

— 민 16:16-19

16-19절 제사장이 되려고 백성을 선동한 고라의 음모 및 큐티

모세는 르우벤 족속과 대화를 교환한 후 고라에게 그들의 주장에 대해 시험해 볼 터이니 준비하라고 한다. 즉 모세는 고라의 반역에 참여한 각 지파의 지도급 인사 250인에게 "제각기 향로를 들고 그 위에 향을 얹고 각 사람이 그 향로를 여호와 앞으로 가져오라"라고 한다. 특히 본문 말미에서는 제사장이 되려고 백성을 선동한 고라의 음모가 드러난다. 그렇다면 제사장이 되려고 백성을 선동한 고라의 음모가 드러난 구절과 큐티는?

　제사장이 되려고 백성을 선동한 고라의 음모가 드러난 구절은 19절이다.

　한편 고라는 본문 3절에서 모세와 아론에게 "여호와의 총회 위에 스스로 높아지려느냐"라고 하며, 모세와 아론이 교만한 것처럼 선동한 바 있다. 하지만 본문에서 고라는 자신의 교만을 스스로 드러냈다. 즉 그는 향로를 잡은 각 지파의 지도급 인사 250인의 지지를 과시하고, 또 회중을 소집하여 마치 자신이 모세와 아론을 대신할 자 같이 두 종을 대적하며, 교만한 태도를 보였다. 특히 고라는 회중이 합세하여 모세와 아론을 대적하도록 선동을 위해 회중 앞에서 두 종을 대적했는지도 모른다. 하지만 고라는 하나님께서 일거수일투족을 다 지켜보시고 역사를 주관하신다는 사실을 간과하다가 멸망의 심판을 받았다.

　따라서 우리는 하나님의 전지하심을 바로 깨닫고 경솔한 행동을 삼가야 말아야 할 것이다.

"여호와께서 모세와 아론에게 말씀하여 이르시되 너희는 이 회중에게서 떠나라 내가 순식간에 그들을 멸하려 하노라"

———————————————————————————— 민 16:20-21

20-21절　모세와 아론에 대한 반역이 심판이 될 수 있는 연유

　하나님께서 온 회중들을 향하여 고라 일당에 대한 심판을 선언하신다. 고라와 그 일당은 모세와 아론을 반역하다가 본문과 같이 심판의 자리에 서게 된다. 그렇다면 어떠한 연유에서 모세와 아론에 대한 반역이 심판이 될 수 있을까?

하나님께서 모세를 택하시고 구별하시고 일생 동안 사용하셨다. 또 하나님께서 위임식을 통하여 거룩하게 하신 아론을 당신 가까이에서 섬기게 하셨다(출 28:1; 29:1; 레 8:12, 30). 이 때문에 모세와 아론에 대한 반역은 하나님의 권위에 대한 도전이 되고, 결국 그들은 본문과 같이 죽을 운명에 직면하고 말았다.

따라서 우리는 주의 종들에 대한 하나님의 간섭을 깊이 인지하고, 신앙이 아닌 이성적인 시각으로 종들을 판단한다거나 그렇게 하는 죄인들의 의견에 동조하지 말아야 할 것이다.

"고라가 온 회중을 회막 문에 모아 놓고 그 두 사람을 대적하려 하매 여호와의 영광이 온 회중에게 나타나시니라 여호와께서 모세와 아론에게 말씀하여 이르시되 너희는 이 회중에게서 떠나라 내가 순식간에 그들을 멸하려 하노라 그 두 사람이 엎드려 이르되 하나님이여 모든 육체의 생명의 하나님이여 한 사람이 범죄하였거늘 온 회중에게 진노하시나이까"

———————————————————————— 민 16:19-22

고라는 19절에서 회중을 회막 문에 소집하고 마치 모세와 아론을 심판할 듯 기세등등하였다. 21절에서 여호와께서 모세와 아론에게 고라와 함께 하고 있었던 회중을 떠나라고 하신다("너희는 이 회중에게서 떠나라 내가 순식간에 그들을 멸하려 하노라"). 하지만 본문에서 모세와 아론은 회중의 죄를 용서해 달라고 간구한다("모든 육체가 범죄하였거늘 온 회중에게 진노하시나이까"). 여기서 모세와 아론은 하나님의 주권에 대항한 고라의 죄와 달리 회중에 대한 죄를 모든 육체의 죄와 같이 일반적인 시각에서 바라보았다. 그렇다면 모세와 아론이 일반적인 시각에서 바라본 회중의 죄는 무엇으로 말미암을까?

악의 뿌리는 하나다. 하지만 어리석은 다수는 본문의 회중과 같이 악한 자들에 의하여 선동될 수가 있다. 그래서 모세와 아론은 고라와 함께 한 회중의 죄에 대하여 모든 육체의 죄, 즉 어리석어서 선동당한 백성의 죄라고 하며 용서를 구했다. 그렇지만 성도 된 우리는 주의 성령께서 함께하시기 때문에 그릇된 일에 대해 마땅히 선동되지 않아야 한다.

따라서 우리는 본문에서처럼 죄에 가담하지 않도록 성령의 분별력을 구해야 할 것이다.

"여호와께서 모세에게 말씀하여 이르시되 회중에게 명령하여 이르
기를 너희는 고라와 다단과 아비람의 장막 사방에서 떠나라 하라"
—— 민 16:23-24

23-24절 실제적인 하나님의 의도와 영적인 하나님의 의도

하나님께서 백성의 구원을 위한 모세와 아론의 중보기도를 응답해
주셨다. 그리하여 고라와 그 일당들에게 선동된 회중이 심판의 대상
에서 제외되고, 주동자들만 심판을 받게 되었다. 그런데 하나님께서
본문에서 반역에 동참한 회중에게 반역의 주동자들에게서 떠날 것을
명령하셨다. 그렇다면 반역에 동참한 회중을 주동자들에게서 떠나게 하
신 실제적인 것과 영적인 하나님의 의도는 무엇이었을까?

하나님께서는 반역의 주동자, 즉 고라와 다단과 아비람을 심
판하고자 하셨다. 그래서 하나님께서는 주동자들을 심판하시는
과정에서 회중이 실제로 희생되지 않도록 의도하시고, 주동자들
에게서 떠나게 하셨다.

특히 회중은 반역자들의 선동에 치우친 자들이다. 즉 회중은
하나님을 배반한 자요, 배교자의 대열에 선 자들이었다. 그래서
하나님께서 반역에 동참한 회중이 주동자들에게 떠나라는 영적
인 의도는 배교자들과 완전히 절교하라는 뜻이다. 완전히 절교
하지 아니하면 다시 그 죄에 오염되어 돌이킬 수 없기 때문이다
(마 18:15-17; 딛 3:10; 요이 10, 11).

따라서 우리는 실제적인 것과 영적인 하나님의 의도를 따라
순종할 수 있는 지각이 있어야 할 것이다.

"모세가 일어나 다단과 아비람에게로 가니 이스라엘 장로들이 따랐더라 모세가 회중에게 말하여 이르되 이 악인들의 장막에서 떠나고 그들의 물건은 아무 것도 만지지 말라 그들의 모든 죄중에서 너희도 멸망할까 두려워하노라 하매 무리가 고라와 다단과 아비람의 장막 사방을 떠나고 다단과 아비람은 그들의 처자와 유아들과 함께 나와서 자기 장막 문에 선지라"

— 민 16:25-27

25-27절　하나님의 경고

모세는 하나님께서 반역자들을 심판하시기에 앞서 회중을 반역자, 즉 악인들의 장막에서 떠나게 하셨고, 그들의 물건을 접촉하지 않게 하셨다. 그렇다면 하나님께서 회중에게 무엇을 경고하시며, 악인들의 장막을 떠나게 하고, 그들의 물건을 접촉하지 않게 하셨을까?

하나님을 반역한 악인들은 이미 멸망의 운명 앞에 섰다. 이 때문에 회중이 그들과 함께 머물러 있다고 할 때, 그들은 결코 멸망을 피할 수가 없게 된다. 또 하나님께서 회중에게 악인들의 물건을 접촉하지 않게 하신 것은 죄에 대한 오염을 뜻하는 것으로, 죄로 인해 더러워진 문화를 척결하지 아니한다고 했을 때, 이 또한 멸망의 심판으로 치닫는 위험이 있다. 이 때문에 하나님께서는 멸망의 위험을 경고하시고, 회중이 죄인의 장막에서 떠나게 하셨고, 그들의 물건까지도 접촉할 수 없게 하셨다.

따라서 주의 대속 받은 우리는 성령의 능력에 의지하여 죄의 오염으로부터 우리를 지켜내야 할 것이다.

"모세가 이르되 여호와께서 나를 보내사 이 모든 일을 행하게 하신
것이요 나의 임의로 함이 아닌 줄을 이 일로 말미암아 알리라 곧
이 사람들의 죽음이 모든 사람과 같고 그들이 당하는 벌이 모든 사
람이 당하는 벌과 같으면 여호와께서 나를 보내심이 아니거니와
만일 여호와께서 새 일을 행하사 땅이 입을 열어 이 사람들과 그들
의 모든 소유물을 삼켜 산 채로 스올에 빠지게 하시면 이 사람들이
과연 여호와를 멸시한 것인 줄을 너희가 알리라"

—————————————————————— 민 16:28-30

28-30절　모세에게 작용된 예언의 성취

　모세는 자신을 백성 가운데 세우신 하나님을 증언한다. 또 그는 자
신이 하나님께서 백성에게 보내신 참 선지자임을 역설한다. 29-30절
에서 모세는 반역자들에 대한 최후 예언을 한다. 29절은 외적으로 준
엄한 심판을 받은 흔적이 전혀 없는 단순한 자연사나 일상적인 사고
사에 대하여 말한 것이고, 반역자들은 30절과 같이 재앙 중에 죽게
될 것을 예언한다. 결국 모세의 예언은 성취된다. 그렇다면 고라와 그
일당에 대한 최후 예언의 성취는 어떻게 모세에게 작용되었을까?

　모세가 예언한 대로 고라와 그 일당들이 엄벌에 처해졌다. 이
는 백성에 대한 모세의 지도력이 하나님께로부터 기인했다는 것
의 증표가 되고, 이스라엘 공동체가 모세를 구심적으로 질서를
세울 수 있도록 작용했다. 또 고라와 그 일당에 대한 최후 예언
의 성취는 하나님께서 주의 종들의 보호를 위해서 특별한 방법
으로 악한 세력들을 엄벌하셨다는 사실이다. 이는 신앙의 공동

체 안에서 종들에 대한 대적이 발생하지 않게 하고, 또 주의 종들은 하나님의 보호에 의지하여 평강의 사역을 하도록 작용했다.

따라서 우리는 잔혹한 상황에서도 하나님의 선하신 의도를 발견할 줄 알아야 할 것이다.

"그가 이 모든 말을 마치자마자 그들이 섰던 땅바닥이 갈라지니라 땅이 그 입을 열어 그들과 그들의 집과 고라에게 속한 모든 사람과 그들의 재물을 삼키매 그들과 그의 모든 재물이 산 채로 스올에 빠지며 땅이 그 위에 덮이니 그들이 회중 가운데서 망하니라 그 주위에 있는 온 이스라엘이 그들의 부르짖음을 듣고 도망하며 이르되 땅이 우리도 삼킬까 두렵다 하였고 여호와께로부터 불이 나와서 분향하는 이백오십 명을 불살랐더라"

—— 민 16:31-35

31-35절　반역자들을 심판하신 두 가지 수단

여호와의 징벌, 즉 하나님의 진노가 지진으로 나타났다. 땅이 그 입을 열어 반역의 주동자, 즉 고라, 다단, 아비람 등 그들의 집과 그들에게 속한 모든 사람 및 재물과 물건들을 삼킨 후 땅이 그 위에 덮였다(31-34절). 또 고라 일당의 추종세력이었던 250명은 분향하는 도중 여호와께로부터 불이 나와 그 불에 타죽었다(35절). 그런데 본문에서 하나님께서는 두 가지 수단으로 반역자들을 심판하셨다. 그렇다면 반역자들을 심판하신 두 가지 수단은 어떤 것이었을까?

하나님께서는 자연을 수단으로 사용하시며 인류를 심판하신다. 즉 하나님께서는 땅을 황무하고 척박하게 하심으로 심판하신다(창 3:18; 렘 25:12). 불이 뒤덮고, 역청이 쏟아져 나오게 하여 심판하신다(창 19:24; 사 34:8-10). 홍수로 지면의 생물을 멸절하신다(창 7:21-24). 지진으로 땅이 흔들리고 갈라지게 하신다(31-35; 사 24:19-20). 땅이 풀어지고 소멸된다(사 51:6; 벧후 3:10-12).

그런데 본문에서 하나님께서 심판의 도구로 사용하신 수단 중, 첫째는 자연을 사용하신 지진이었고, 둘째는 여호와 하나님의 불이었다. 이는 죄인들이 심판을 피하여 숨을 곳이 없음을 뜻한다.

따라서 우리는 하나님께서 인류를 이롭게 하시기 위해 창조하신 자연 만물 중, 그 어떠한 것이라도 하나님 자신의 정의를 실현하는 수단으로 사용하실 수 있다는 사실을 자각하고, 우리를 둘러싼 여러 환경이 우리에게 축복이 되도록 진리를 좇는 삶을 좇아야 할 것이다.

"여호와께서 모세에게 말씀하여 이르시되 너는 제사장 아론의 아들 엘르아살에게 명령하여 붙는 불 가운데에서 향로를 가져다가 그 불을 다른 곳에 쏟으라 그 향로는 거룩함이니라 사람들은 범죄하여 그들의 생명을 스스로 해하였거니와 그들이 향로를 여호와 앞에 드렸으므로 그 향로가 거룩하게 되었나니 그 향로를 쳐서 제단을 싸는 철판을 만들라 이스라엘 자손에게 표가 되리라 하신지라 제사장 엘르아살이 불탄 자들이 드렸던 놋 향로를 가져다가 쳐서 제단을 싸서 이스라엘 자손의 기념물이 되게 하였으니 이는 아론 자손이 아닌 다른 사람은 여호와 앞에 분향하러 가까이 오지 못하게 함이며 또 고라와 그의 무리와 같이 되지 않게 하기 위함이라 여호와께서 모세를 시켜 그에게 명령하신 대로 하였더라"

— 민 16:36-40

36-40절 편철로 만든 제단이 이스라엘 자손에게 주는 교훈

향로는 성전과 성막에서 사용되던 기구들 가운데 하나로 제단에 있는 불을 옮기고, 향을 피우는 데 사용된 것으로, '불을 담는 그릇'을 가리킨다.

한편 제사장의 특권을 탐한 고라 일당 250명은 여호와께로부터 불이 나와 죽었다. 그렇지만 신성 모독적인 반역자들의 헌신에 의한 것일지라도 향로는 하나님께 바쳐졌으므로 거룩하게 되었다. 그래서 여호와께서는 보통 용도로 사용할 수 없는 향로를 구별하기 위해 제사장 아론의 아들 엘르아살에게 명령하여 향로에 있는 불을 다른 곳, 즉 이스라엘이 머물고 있던 진 바깥에 쏟도록 한다. 그렇게 하여 향로는 두드려 펴서 편철을 만들어 제단을 싸게 하신다. 또 편철로 만든 제단이 이스라엘 자손의 기념물이 되게 하신다. 여기서 기념물이란 교훈을 의도한 것으로, 이스라엘 자손에게 편철로 만든 제단을 통해서 교훈을 주기 위함이다. 그렇다면 반역자들이 분향했던 향로를 쳐서 편철로 만든 제단이 이스라엘 자손에게 주는 교훈은 무엇일까?

하나님께서 모세를 이스라엘 자손을 위한 영도자로 세우셨다. 또 하나님께서 아론과 그의 아들들을 제사장으로 세우셨다. 이 때문에 모세와 아론과 그의 아들들의 직임은 하나님의 주권에 의한 것이다. 하지만 고라와 그 일당들은 모세와 아론을 대항하여 '백성 위에 스스로 그들을 높였다'라고 비난하였다(3절). 결국 고라 일당은 탐욕으로 인해 하나님의 주권을 무시하는 죄를 범했고, 하나님의 징벌로 말미암아 파멸하고 말았다. 이리하여 하나님께서는 반역자들의 행태를 후세에게 알려서 제사장의 특권을 탐하지 아니하도록 교훈을 삼기 위해, 반역자들의 헌신에 의한 향로로 편철을 만들어 제단을 쌓게 하셨다.

따라서 우리는 하나님께서 신앙의 공동체 안에 세우신 질서에 순종하여 사탄 마귀가 틈탈 기회를 주지 말아야 할 것이다.

> "이튿날 이스라엘 자손의 온 회중이 모세와 아론을 원망하여 이르되 너희가 여호와의 백성을 죽였도다 하고 회중이 모여 모세와 아론을 칠 때에 회막을 바라본즉 구름이 회막을 덮었고 여호와의 영광이 나타났더라"

—— 민 16:41-42

41-42절 모세와 아론을 친 회중

하나님께서 고라와 그 일당들을 처벌하신 다음 날 이스라엘 자손의 온 회중은 "너희가 여호와의 백성을 죽였도다"라고 모세와 아론을 대항한다. 그런데 본문 42절에서 이스라엘 자손이 모세와 아론을 대항한 행태를 지적하며 "회중이 모여 모세와 아론을 칠 때에"라고 한다. 여기서 '치다'란 물리적 구타가 아니다. 그렇다면 회중이 모세와 아론을 어떻게 쳤다는 말일까?

여기서 '치다'란 물리적인 구타보다 심리적 적대감이나 극렬한 저항을 나타낸 말로, '규탄하다', '덤비다'라는 뜻이다. 모인 회중이 극심한 분노와 적대감으로 언어적, 감정적으로 집단 폭력을 행사한 것이다. 그런데 이스라엘 자손의 온 회중이 고라와 그 일당의 멸망을 지켜보았음에도 그들은 이를 두려워하지 아니하고 모세와 아론을 격렬하게 쳤다. 그들이 하나님의 주권에 대한 불순종의 교훈을 받지 아니한 까닭에 사탄이 틈타도록 기회를 제공하였다. 결국 하나님께서 백성을 염병으로 강타하셨다.

따라서 우리는 성령의 능력에 의지하여 말씀으로 우리의 불안정한 감정을 다스릴 수 있어야 할 것이다.

> "모세와 아론이 회막 앞에 이르매 여호와께서 모세에게 말씀하여
> 이르시되 너희는 이 회중에게서 떠나라 내가 순식간에 그들을 멸
> 하려 하노라 하시매 그 두 사람이 엎드리니라"
>
> ———————————————————— 민 16:43-45

43-45절 하나님 앞에서 엎드린 모세와 아론

이스라엘 자손의 혼 회중이 모세와 아론을 치는 상황에서 구름이
회막을 덮었고, 여호와의 영광이 나타났다. 모세와 아론은 회막 앞에
이르렀고, 여호와께서 모세에게 말씀하셨다. 당장에 회중을 멸하실 태
세로 말씀하셨고, 모세와 아론에게 회중에게서 떠나라고 하셨다. 하지
만 그들은 45절 하반절 말씀같이 그들의 안위를 돌아보지 아니하고,
백성을 위해 엎드렸다. 그렇다면 모세와 아론이 엎드렸다는 것은 무엇
을 나타낼 것이며, 또 무엇을 가리켜 엎드렸다고 할까?

여기서 엎드렸다는 것은 얼굴을 땅에 대고 엎드렸다는 뜻이
다. 이는 철저히 낮아진 자세에서 백성의 구원을 위한 긍휼을
구하는 태도이다. 또 백성의 구원을 위해 얼굴을 땅에 대고 간
절히 기도한 것을 가리켜 엎드렸다고 한다. 하지만 모세와 아론의
중재기도가 있었음에도 하나님께서는 염병으로 백성을 치셨다.

따라서 우리는 하나님께서 직접 엄벌하시고, 또 순식간에 엄
벌하시는 죄에서 떠나야 할 것이다.

"이에 모세가 아론에게 이르되 너는 향로를 가져다가 제단의 불을 그것에 담고 그 위에 향을 피워 가지고 급히 회중에게로 가서 그들을 위하여 속죄하라 여호와께서 진노하셨으므로 염병이 시작되었음이니라 아론이 모세의 명령을 따라 향로를 가지고 회중에게로 달려간즉 백성 중에 염병이 시작되었는지라 이에 백성을 위하여 속죄하고"

———————————————————————— 민 16:46-47

46-47절　제단의 불을 취하여 향을 피워 회중에게로 가져간 것의 의미

고라 일당의 멸망을 지켜보았던 백성이 또다시 모세와 아론을 대적하였다. 이리하여 하나님께서 진노하셨으므로 회중 가운데 염병이 시작된다.

한편 모세는 염병의 문제 해결을 위한 대안으로 아론에게 "제단의 불을 향로에 담고 그 위에 향을 피워 급히 회중에게로 가서 그들을 위하여 속죄하라"라고 했다. 그런데 제단의 불은 그리스도의 희생의 예표이고, 향을 피운다는 것은 기도의 예표이다. 그렇다면 아론이 제단의 불을 취하여 향을 피워 회중에게로 달려간 간 것은 무엇을 의미할까?

'제단'이 인류의 구원을 위한 그리스도의 희생의 예표라고 했을 때, 여기서 '희생'이란 인류의 구원을 위한 중보자로서 제물이 되신 그리스도를 의미한다.

한편 아론이 향을 피워 회중에게로 달려갔다. 그런데 '향'이란 기도를 상징한 것으로(계 8:3-4), 아론이 제단의 불을 향로에 담고, 그 위에 향을 피워 염병이 확산되고 있는 회중에게로 급히

간 것은 인류의 구원을 위한 그리스도의 속죄를 뜻하는 것으로, 그리스도의 대속에 의지하여 긍휼을 구하는 기도이자, 사죄의 은총을 위한 이스라엘 자손의 죄를 용서하여 달라는 아론의 중보기도라 말할 수 있다.

따라서 문제 해결을 위해 성도들에 대한 종들의 도고와(딤전 2:1) 누구든지 주의 십자가의 대속의 복음에 의지하여 기도할 수 있어야 할 것이다(약 5:15).

"죽은 자와 산 자 사이에 섰을 때에 염병이 그치니라"

———————————————————————————————————— 민 16:48

48절 ㅣ 아론의 중보 사역에 대한 예표

아론은 제단의 불을 향로에 담고 그 위에 향을 피워 급히 회중에게로 갔다. 특히 본문에서는 아론이 "죽은 자와 산 자 사이에 섰을 때에 염병이 그쳤다"라고 기록되어 있다. 이는 염병으로 인해 죽은 자는 이미 죽었지만, 아직 살아 있는 자는 죽은 자와 산 자의 중간에서 중보자 역할을 담당한 아론으로 인해 목숨을 건질 수가 있었다. 그렇다면 본문에 나타난 중보 사역은 무엇에 대한 예표일까?

이스라엘 자손이 죄로 인해 죽어가고 있을 때, 아론이 제단의 불을 향로에 담고 그 위에 향을 피워 급히 회중에게로 갔다. 또 그는 염병이 시작될 때에 백성을 위하여 속죄하고 죽은 자와 산 자의 사이에 섰다. 이는 아론의 중보 사역을 나타내고, 죄를 심판하시고, 죄인을 용서하여 영생케 하시는 예수의 중보 사역을 예표한다. 이 때문에 아론의 중보 사역으로 염병이 그쳤듯이 그리스도의 중보 사역으로 인해 주의 대속을 믿는 자마다 사망에서 생명으로 옮겨지는 부활의 복을 받았다.

따라서 주의 구원의 은택을 누리고 있는 더욱 감사하고 주께 영광 돌려야 할 것이다. 또 그리스도의 의를 믿고, 의지하는 우리는 그리스도의 십자가를 자랑하는 믿음 위에 서야 할 것이다 (롬 3:27; 갈 6:14).

"이튿날 이스라엘 자손의 온 회중이 모세와 아론을 원망하여 이르되 너희가 여호와의 백성을 죽였도다 하고 회중이 모여 모세와 아론을 칠 때에 회막을 바라본즉 구름이 회막을 덮었고 여호와의 영광이 나타났더라 모세와 아론이 회막 앞에 이르매 여호와께서 모세에게 말씀하여 이르시되 너희는 이 회중에게서 떠나라 내가 순식간에 그들을 멸하려 하노라 하시매 그 두 사람이 엎드리니라 이에 모세가 아론에게 이르되 너는 향로를 가져다가 제단의 불을 그것에 담고 그 위에 향을 피워 가지고 급히 회중에게로 가서 그들을 위하여 속죄하라 여호와께서 진노하셨으므로 염병이 시작되었음이니라 아론이 모세의 명령을 따라 향로를 가지고 회중에게로 달려간즉 백성 중에 염병이 시작되었는지라 이에 백성을 위하여 속죄하고 죽은 자와 산 자 사이에 섰을 때에 염병이 그치니라 고라의 일로 죽은 자 외에 염병에 죽은 자가 만 사천칠백 명이었더라 염병이 그치매 아론이 회막 문 모세에게로 돌아오니라"

민 16:41-50

41-50절　사탄이 이스라엘 자손을 충동질한 것

고라와 그 일당이 모세와 아론을 반역한 죄로 인해 멸망한다. 그런데도 백성은 경고를 받지 아니하고, 41절에서 오히려 하나님의 말씀보다 인간의 연민에 사로잡힌 나머지 모세와 아론을 원망한다. 이리하여 하나님께서 회중을 향해 진노하시자, 이스라엘 백성들에게 염병이 급속하게 퍼져나갔고, 14,700명이나 염병으로 사망한다.

한편 사탄은 항상 연약한 인간을 충동질하여 여러 형태의 죄를 범하게 한다. 즉 본문에서 나타난 원망과 또 탐심, 음란, 위선 등 여러 행태의 죄를 범하게 한다. 본문에서도 신앙의 공동체가 사탄에게 충동질을 당한 셈이다. 그렇다면 본문에서 사탄이 이스라엘 자손의 무엇을 충동질했을까?

모세와 아론은 그들의 교만이나 탐심이 아닌 하나님의 뜻에 의해 백성의 지도자 되었다. 이 때문에 백성의 지도자로서 모세와 아론에 대한 주권은 하나님께 있다. 그런데도 파멸 당한 고라와 그 일당들은 모세와 아론을 향해 "너희가 어찌하여 여호와의 총회 위에 스스로 높이느냐"라고 비난하고 반발했다(16:3절 하반절).

한편 하나님의 주권에 대항한 고라와 그 일당들은 하나님의 징벌로 인해 멸망했다. 하나님께서는 그 일로 백성의 교훈을 위해 징벌받은 자들이 드렸던 놋 향로를 가져다가 쳐서 편철을 만들어 제단을 싸도록 하였다(39-40절). 이리하여 하나님의 주권에 도전한 자의 결국이 어떠한지 알도록 하여 경각심을 주고, 또 백성의 지도자인 모세와 아론의 주권이 하나님께로부터 났다는 사실을 백성이 인지하고 순종하게 하신 것이다. 하지만 백성은 하나님의 의도를 도외시하고 고라와 그 일당들이 무엇 때문에 사망했는가 하는 것보다, 즉 진리의 문제보다 그들이 결과적으로 죽었다는 것 때문에 크게 마음이 상해 있었다. 그런데 사탄이 이스라엘 자손의 상한 마음을 충동질하여 백성이 또다시 모세와 아론을 원망하는 죄를 범했다. 결국 이스라엘 자손은 신앙보다 인간의 연약한 본성을 극복하지 못한 상태에서 죄를 범했고, 전염병으로 많은 백성이 사망하게 되었다.

따라서 우리는 연약한 본성에 치우쳐 자기 통제를 잃어버린 나머지 주 하나님의 말씀, 즉 진리에 불순종하는 죄를 범하지 말아야 할 것이다.

17장
아론의 싹 난 지팡이

　전장에서 하나님께서는 모세와 아론의 지위를 부정하려 했던 고라와 그 일당을 죽음으로 다스렸다. 하지만 백성이 하나님을 두려워하지 아니하고 또다시 모세와 아론을 원망하여, 그 일로 염병이 돌고 백성 중, 14,700명이나 죽게 되었다. 그래서 본장에서는 죽은 나무 지팡이에서 싹이 나는 이적을 통해 아론이 가진 대제사장직의 정당성을 분명히 보여주고, 백성이 더 이상 하나님께서 세우신 질서를 흔들지 못하게 하셨다.

“여호와께서 모세에게 말씀하여 이르시되 너는 이스라엘 자손에게 말하여 그들 중에서 각 조상의 가문을 따라 지팡이 하나씩을 취하되 곧 그들의 조상의 가문대로 그 모든 지휘관에게서 지팡이 열둘을 취하고 그 사람들의 이름을 각각 그 지팡이에 쓰되”

—— 민 17:1-2

1-2절 지팡이를 통해서 나타내시고자 하신 하나님의 뜻

하나님께서 모세에게 다음과 같이 말씀하셨다. 이스라엘 자손에게 말하여 그들 중에서 각 조상의 가문을 따라 그 가문의 지휘관들에게 지팡이를 취하게 하셨다. 여기서 '지팡이'란 일반적으로 목자나 여행자들이 도보용 또는 호신용으로 사용되었고, 때로는 통치자에 대한 권위의 상징으로도 사용되었다(창 49:10; 출 17:5).

한편 하나님께서는 이 지팡이를 통해서 당신의 뜻을 나타내실 때가 왕왕 있었다(출 4:2-4; 겔 37:16-19). 본문에서도 하나님께서는 지팡이를 통해서 당신의 뜻을 나타내고자 하셨다. 여기서 하나님의 뜻은 전장에서 백성이 불순종한 것과 관련이 있다. 그렇다면 지팡이를 통해서 나타내고자 하신 하나님의 뜻은 무엇이었을까?

전장에서 하나님께서는 모세와 아론에 대한 고라와 그 일당의 반역이 하나님께 대한 반역임을 밝히셨다. 그런데도 백성이 경고를 받지 아니하고, 다시 모세와 아론을 대적하자, 하나님께서는 이스라엘 공동체에 염병으로 치시고, 이때 죽은 자가 14,700명이나 되었다. 그래서 아론의 지팡이를 통해서 나타내고자 하신 하나님의 뜻은 명실공히 신정국가의 질서를 세우시는 것이었다. 즉, 하나님께서 표적을 통해서 아론의 지팡이를 구별하시고, 백성이 아론에 대한 대제사장직의 신적 기원을 인정하고, 순종할 것을 뜻하셨다.

따라서 주의 백성이요, 자녀인 우리는 교회 안에서, 또 다른 어디서든지 질서에 합당하게 순종해야 할 것이다.

> "너는 이스라엘 자손에게 말하여 그들 중에서 각 조상의 가문을 따라 지팡이 하나씩을 취하되 곧 그들의 조상의 가문대로 그 모든 지휘관에게서 지팡이 열둘을 취하고 그 사람들의 이름을 각각 그 지팡이에 쓰되 레위의 지팡이에는 아론의 이름을 쓰라 이는 그들의 조상의 가문의 각 수령이 지팡이 하나씩 있어야 할 것임이니라"
>
> —— 민 17:2-3

2-3절 　각 지파 지휘관들의 이름을 쓴 지팡이에서 나타난 하나님의 바람

하나님께서는 이스라엘 자손에게 각 조상의 가문에 따라 지팡이 하나씩 취하되, 곧 그들의 조상의 가문대로 그 모든 지휘관에게서 지팡이 열둘을 취하고, 그 사람들의 이름을 각각 그 지팡이에 쓰도록 하셨다. 특별히 레위 지파의 아론을 거명하시며 레위 지파에 아론이란 이름을 쓰게 하셨다. 그리하여 그 지팡이를 하나님의 임재가 일어났던 지성소에 안치된 증거궤(법궤) 앞에 두게 하셨다. 그런데 성경에서 '이름'이란 그 사람의 전 인격을 나타내는 것으로, 이는 백성에 대한 하나님의 바람이 나타나 있다. 그렇다면 증거궤 앞에 둔, 각 지파 지휘관들의 이름을 쓴 지팡이에서 나타난 하나님의 바람은 무엇이었을까?

지팡이 열둘은 다음과 같다. 각 가문의 지휘관에게 지팡이를 하나씩 가져오게 하였는데, 에브라임과 므낫세 지파는 요셉의 한 가문으로 (신 27:12, 13), 또 레위 가문을 대표했던 아론의 지팡이까지 합쳐서 12 지팡이가 되었다. 열두 가문의 지팡이는 지성소에 안치된 증거궤(법궤) 앞에 두게 하셨다. 그런데 레위 가문의 지팡이만 증거궤 앞에 두게 하신 것이 아니라, 모든 가문의 지팡이도 증거궤 앞에 두게 하셨다.

한편 가문의 대표는 가문 전체를 의미한다는 점에서 이스라엘 자손 전체가 하나님께 나아갈 수 있다는 영적인 의미를 담고 있다. 이는 레위 가문뿐만 아니라 이스라엘 자손 전체에 대한 하나님의 사랑을 나타낸 것으로, 오늘날 성도들에 대한 바람이기도 하다. 즉 백성이 각자의 위치에서 최선을 다해 사명을 감당하고, 하나님께 대한 백성의 섬김은 맹종이 아닌 순종이라는 것이 하나님의 바람임을 나타낸 것이다. 특히 레위 가문을 대표한 지팡이에 아론의 이름을 거명한 것은 레위 지파에 속한 고라로부터 하나님께서 세우신 신앙의 공동체에 반역이 일어났기 때문이다. 그래서 하나님께서는 레위 지파를 비롯해서 기타 가문의 사람, 즉 이스라엘 자손에게 신앙의 공동체, 즉 교회 안의 질서가 하나님께로부터 났음을 인지하고 순종하라는 바람을 나타내셨다.

따라서 우리는 교회 배후에서 역사하시는 하나님을 생각하고 교회의 질서에 순종해야 할 것이다.

"그 지팡이를 회막 안에서 내가 너희와 만나는 곳인 증거궤 앞에 두라 내가 택한 자의 지팡이에는 싹이 나리니 이것으로 이스라엘 자손이 너희에게 대하여 원망하는 말을 내 앞에서 그치게 하리라 모세가 이스라엘 자손에게 말하매 그들의 지휘관들이 각 지파대로 지팡이 하나씩을 그에게 주었으니 그 지팡이가 모두 열둘이라 그 중에 아론의 지팡이가 있었더라 모세가 그 지팡이들을 증거의 장막 안 여호와 앞에 두었더라"

—————————————————————————— 민 17:4-7

4-7절 교회 안에서 목사(교역자)와 주요 일꾼의 자격

하나님께서는 열두 가문 지휘관의 지팡이에 가문의 이름을 기록하게 하셨다. 그리고 그 지휘관들이 가져온 지팡이를 하나님의 임재가 일어났던 지성소, 즉 증거궤(법궤) 앞에 두게 하셨다. 그런데 하나님께서는 모든 가문의 지팡이 중에서 레위 가문의 지팡이에만 레위 지파 지휘관의 이름을 기록하게 하셨다. 특히 5절에서 하나님께서는 "제사장으로 택한 자의 지팡이에 싹이 난다"라고 미리 말씀해 주셨다. 이는 제사장 아론의 일로 더 이상 백성이 원망하지 않게, 표적으로 아론에 대한 제사장의 지위를 천명하시겠다는 뜻이다. 그렇다면 신앙의 공동체, 즉 교회 안에서 교역자(목사)와 주요 일꾼의 자격은 무엇으로부터 비롯될까?

고라와 다단과 아비람과 온이 당을 짓고 모세와 아론을 거스르자, 회중 가운데 이름 있는 지휘관 250명이 일어나 고라 일당과 함께 일어났고, 그들은 두려워하지 않고, "너희가 분수에 지나도다 회중이 다 각각 거룩하고 여호와께서도 그들 중에 계시거늘 너희가 어찌하여 여호와의 총회 위에 스스로 높이느냐"라고 하며 모세와 아론에게 반역했다(민 16:1-3). 이는 회중 가운데 누구든지 모세와 아론을 대신할 수 있다고 생각했고, 오히려 그들이 모세와 아론보다 더 유능한 일꾼이 될 수 있다고 생각했다. 하지만 하나님께서는 인간의 뜻이 아닌 당신의 뜻대로 신앙의 공동체를 위한 지도자를 발탁하신다는 사실을 백성에게 깨우치고자 하셨다. 그래서 하나님께서는 이스라엘의 열두 가문의 지팡이에 각각의 가문의 이름을 기록하게 하신 가운데 레위 가문에만 아론의 이름을 기록하게 하시고, 결국 아론의 지팡이에 움이 돋고, 순이 나고, 꽃이 피어서 살구 열매가 맺게 하시기까지 간섭하셨다(5, 8).

따라서 우리는 인간의 선택이 아닌 하나님의 선택, 즉 하나님의 소명으로 교역자의 자격이 주어진다는 사실을 인지하고, 교역자를 위시한 교회 질서에 순종해야 할 것이다.

> "이튿날 모세가 증거의 장막에 들어가 본즉 레위 집을 위하여 낸 아론의 지팡이에 움이 돋고 순이 나고 꽃이 피어서 살구 열매가 열렸더라"
>
> —— 민 17:8

8절　백성 전체에 대한 축복의 비전

증거의 장막(법궤가 안치된 곳), 즉 지성소는 1년에 한 차례 대제사장만 들어갈 수 있었고, 그 누구도 그곳의 출입을 허용하지 않았다. 하지만 모세는 특별한 경우에 증거의 장막에 들어갈 수 있었다.

한편 모세는 하나님의 명령대로 가문(지파)의 이름이 기록된 지팡이를 증거의 장막(법궤가 안치된 곳) 안 여호와 앞에 둔다. 이튿날이 되었는데 레위 가문을 위하여 낸 아론의 지팡이에 움이 돋고, 순이 나고, 꽃이 피어서 살구 열매를 맺었다. 여기서 살구 열매는 히브리어 원어로 '깨어 지키다'라는 뜻에서 유래한 말로, '깨어 있는 존재', '지키는 자'란 뜻이 있다. 이는 깨어 있어 늘 당신의 백성을 보호하시는 하나님의 성품과 역사를 상징한다. 특히 아론의 마른 지팡이에서 싹이 난 이적은 백성에 대한 하나님의 긍휼과 죽음의 상태에 놓인 자기 백성에 대한 구원, 즉 영원한 생명을 상징한다. 특히 본문은 5절 말씀의 성취로, 이는 하나님께서 지명하여 세운 종이 더 이상 수욕을 당하지 않도록 이적을 나타내시고, 또 주의 종들을 변호하시고 용기를 주시는 하나님의 인자하신 성품이 잘 나타나 있다. 그렇지만 본문에서 아론의 지팡이에 나타난 이적은 아론만이 아닌 백성 전체에 미치는 축복의 확장이 된다. 그렇다면 어떠한 연유에서 아론의 지팡이에 나타난 이적이 백성 전체에 대한 축복의 비전이 될 수 있을까?

이스라엘 자손의 각각의 가문의 지팡이는 각각의 가문을 대표하고, 또 증거의 장막 안에 레위 가문을 위하여 낸 아론의 지팡이는 열두 가문의 대표성을 갖는다. 이 때문에 아론의 지팡이에 움이 돋고, 순이 나서 꽃을 피워 살구 열매를 맺은 이적은 아론의 제사장직에 대한 변호이기도 하지만 아론의 지팡이가 열두 가문의 대표성을 갖는다는 점에서 하나님께서 백성을 보호와 생명으로 인도하시는 백성 전체에 대한 축복의 비전이다. 그런데 백성 전체에 대한 축복의 비전이 그리스도를 통해서 성취되었다.

따라서 우리는 그리스도의 영이신 성령을 선물로 보내주시고, 우리에 대한 축복의 비전을 이루게 하신 하나님께 감사해야 할 것이다.

"이튿날 모세가 증거의 장막에 들어가 본즉 레위 집을 위하여 낸 아론의 지팡이에 움이 돋고 순이 나고 꽃이 피어서 살구 열매가 열렸더라 모세가 그 지팡이 전부를 여호와 앞에서 이스라엘 모든 자손에게로 가져오매 그들이 보고 각각 자기 지팡이를 집어들었더라 여호와께서 또 모세에게 이르시되 아론의 지팡이는 증거궤 앞으로 도로 가져다가 거기 간직하여 반역한 자에 대한 표징이 되게 하여 그들로 내게 대한 원망을 그치고 죽지 않게 할지니라"

민 17:8-10

8-10절 **백성에게 아론의 권위를 나타내신 연유**

하나님께서는 증거궤(법궤) 앞에 둔 이스라엘의 열두 가문(지파)의 지팡이 중에서 레위 가문이었던 아론의 지팡이에서만이 싹이 나고, 꽃이 피어서 살구 열매를 맺게 하시는 이적을 나타내셨다. 이렇게 하여 더 이상 아론의 집에 허락하신 제사장직에 대한 시비가 일어나지 않도록 조치하셨다. 그렇다면 하나님께서 백성에게 아론의 권위를 나타내신 연유는 무엇일까?

하나님께서는 인간의 기준이 아니라 당신께서 소명하신 자에게 당신의 일을 맡기신다. 이 때문에 종들에 대한 반역은 하나님께 대한 반역이 된다. 그래서 아론의 제사장에 대한 권위는 사람들에게 아론의 권위를 세우시려는 목적이 아니라 하나님의 일을 이루시기 위한 것이다.

따라서 성도들은 주의 종의 배후에서 역사하시는 하나님을 생각하여 종들에게 순종하고, 또 주의 종은 하나님께서 부여하신 권위에 합당하게 그 권위를 선용해야 할 것이다.

"이튿날 모세가 증거의 장막에 들어가 본즉 레위 집을 위하여 낸 아론의 지팡이에 움이 돋고 순이 나고 꽃이 피어서 살구 열매가 열렸더라 모세가 그 지팡이 전부를 여호와 앞에서 이스라엘 모든 자손에게로 가져오매 그들이 보고 각각 자기 지팡이를 집어들었더라 여호와께서 또 모세에게 이르시되 아론의 지팡이는 증거궤 앞으로 도로 가져다가 거기 간직하여 반역한 자에 대한 표징이 되게 하여 그들로 내게 대한 원망을 그치고 죽지 않게 할지니라 모세가 곧 그같이 하되 여호와께서 자기에게 명령하신 대로 하였더라"

———————————————————————————— 민 17:8-11

8-11절　아론의 지팡이에서 나타난 이적의 예표

　하나님께서 아론의 지팡이에서 움이 돋고, 순이 나고, 꽃이 피어서 살구 열매를 맺는 이적을 나타내셨다. 여기서 아론의 마른 지팡이에서 싹이 돋아났다는 것은 새 생명에 대한 예표이다. 그리고 아론의 지팡이에 꽃이 피어서 살구 열매를 맺는 이적은 살구 열매가 히브리 원어로 '깨어 지키다'라는 뜻에서 유래한 말로, '깨어 있는 존재', '지키는 자'란 뜻이 있다. 이는 살구 열매의 예표가 움이 돋고 순이 난 것과 관련이 있다. 그렇다면 신약시대에서 아론의 지팡이에서 나타난 이적의 예표는 누구인가?

　　주 예수 그리스도의 십자가의 대속은 마른 막대기같이 생명력을 잃어버린 인류에 대한 영원한 생명의 능력이다. 이 때문에 아론의 마른 지팡이에 싹이 돋아났다는 것은 생명의 예표로써, 그리스도를 믿는 자들에게 구원을 주시는 생명의 능력으로, 예수 그리스도에 대한 예표다. 또 아론의 지팡이에서 움이 돋고 순이 나고 꽃이 피어서 살구 열매를 맺는 이적에서 '살구 열매'란 히브리어 원어로 '깨어 지키다'라는 뜻에서 유래한 말로, '깨어 있는 존재', '지키는 자'란 뜻이 있다. 이는 주 하나님의 영으로 오신 성령, 그리스도의 영으로 오신 성령께서 항상 성도들을 지켜주시고 인도하시는 것에 대한 예표다. 이 때문에 우리에게 역사하시는 성령의 역사는 구약시대의 성취이다.

　　따라서 우리는 항상 생명을 주시고, 보호하시고, 인도하시는 하나님께 감사와 찬양과 영광을 돌려야 할 것이다.

"이스라엘 자손이 모세에게 말하여 이르되 보소서 우리는 죽게 되
었나이다 망하게 되었나이다 다 망하게 되었나이다 가까이 나아가
는 자 곧 여호와의 성막에 가까이 나아가는 자마다 다 죽사오니 우
리가 다 망하여야 하리이까"

—— 민 17:12-13

12-13절 하나님의 자비의 사역

전장에서 이스라엘 자손이 반역한 고라 일당의 멸망과 전염병으로
죽어가는 자들을 목도하였다. 그들은 고라 일당의 멸망을 목도하고도
경고를 받지 아니하고, 마치 모세와 아론 때문에 그들이 징벌을 받은
것처럼 모세와 아론을 원망하였다. 이로 인해 이스라엘 자손 중에
14,700명이나 전염병으로 죽게 되었다.

하지만 본장에서 이스라엘 자손은 하나님의 자비하심, 즉 아론의
지팡이에서 움이 돋고, 순이 나고, 꽃이 피어서 살구 열매가 열린 이
적을 목도하였다.

하지만 백성은 주의 심판이 아닌 주의 자비하심의 사역을 목도 했
음에도 "망하게 되었나이다 망하게 되었나이다"라고 하며, 극도로 공
포에 떨었다. 백성이 아론의 지팡이에 싹이 나게 하신 하나님의 자비
의 사역을 깨닫지 못한 나머지, 고라 일당의 심판과 아론의 지팡이에
싹이 나고, 꽃이 피어 살구 열매가 맺게 하신 이적을 목도했다는 것만
가지고도 공포에 질려 있었다. 그렇다면 아론의 지팡이에 싹이 나게 하
신 하나님의 자비의 사역은 무엇을 의미할까?

　　하나님의 자비의 사역은 아론의 지팡이를 통해서 나타내셨다. 즉 하나님께서 세우신 종에게 순종하는 자는 심판하지 아니하시겠다는 의지를 나타내셨다. 그렇지만 이스라엘 자손은 하나님의 자비의 사역을 간과하고, 고라 일당의 심판만 상기한 나머지 공포에 질려 있었다.

　　따라서 우리는 항상 하나님께서 나타내신 자비의 의도를 간파하고, 그 의도를 신앙으로 승화할 수 있는 지혜가 있어야 할 것이다.

18장
제사장과 레위인의 직무와 분깃

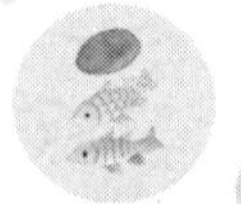

본장에 앞서 레위인과 제사장들에 대한 율법들은 부분적인 사항만 취급되었다. 하지만 본장에서는 레위인과 제사장들에 대한 율법들이 포괄적으로 취급되었다. 즉 본장은 아론에 의해 제사장과 레위인 각각의 직분과 또 각각이 받을 분깃을 알려 주셨다. 특이한 점은 레위인들이 하나님께 바칠 십일조는 모세에게 명하셨다. 이로써 레위인과 제사장의 직분, 즉 두 직분 간의 우열이 아닌 조화와 협조를 통한 동역의 아름다운 사역을 가르치고자 하셨다.

"여호와께서 아론에게 이르시되 너와 네 아들들과 네 조상의 가문은 성소에 대한 죄를 함께 담당할 것이요 너와 네 아들들은 너희의 제사장 직분에 대한 죄를 함께 담당할 것이니라"

— 민 18:1

1절 레위 지파의 세 가문과 아론과 그의 아들들의 죄

레위 지파에 속한 자들은 크게 두 가지 직분을 감당하였다. 아론과 그의 아들들은 제사에 관련한 직분이었다, 그런데 하나님께서 본문

상반절에서 "여호와께서 아론에게 이르시되 너와 네 아들들과 네 조상의 가문은 성소에 대한 죄를 함께 담당할 것이요"라고 하신다. 여기서 '네 조상의 가문'이란 아론의 집을 제외한 기타 레위 가문을 가리킨다. 즉 성소 안의 모든 기구에 관련한 봉사를 맡은 고핫 가문과 모든 휘장, 천막, 줄 등에 관련한 봉사를 맡은 게르손 가문과 막의 기둥과 받침에 관련한 봉사를 맡은 므라리 가문을 가리킨다(민 3:14-39). 또 본문 하반절에서 "너와 네 아들들은 너희의 제사장 직분에 대한 죄를 함께 담당할 것이니라"라고 하신다. 여기서 '제사장 직분'이란 제사 제물의 피, 등잔의 불, 분향단의 향 등을 관리 감독하는 등 제사장직에 관련한 것들을 맡은 아론과 그의 아들들을 가리킨다. 그런데 하나님께서 성막에서 여러 일을 분배 맡은 레위 지파 각각의 가문은 성소의 죄를, 또 제사직을 맡은 아론의 집은 제사장 직분에 대한 죄를 함께 담당하도록 하셨다. 그렇다면 성막에서 봉사를 맡은 레위 지파의 세 가문과 아론과 그의 아들들의 죄란 무엇을 가리킬까?

'레위 지파의 세 가문의 허물'이란 성막 내부에서 발생할 수 있는 모든 종류의 허물과 죄를 가리킨다. 즉 불법으로 성소에 들어가거나 함부로 성소 안에 있는 성물을 만지거나 취급하는 것 등, 각 가문이 맡은바 규례대로 사명을 수행하지 아니한 죄를 가리킨다. 또 '아론과 그의 아늘늘에 내한 죄'란 제물의 피, 등잔의 불, 분향단의 향 등을 관리하고, 제사장직을 수행하는 과정에서 규례대로 사명을 수행하지 아니한 모든 종류의 죄를 가리킨다.

그런데 하나님께서 레위 지파의 세 가문과 제사장직을 감당하는 아론과 그의 아들들 모두 직분에 대한 죄를 담당하게 하셨다. 이는 사명을 잘못 감당했을 때 하나님께서 징계하신다는 의미이기도 하다. 그러나 직분에 대한 죄를 담당한다는 것은 또 다른 측면에서 직분에 충실한 자들이 받을 상급을 암시하기도 한다.

따라서 우리는 부지런하여 사명 감당에 차질에 없게 할 뿐 아니라 상 주시는 하나님을 바라고 말씀을 좇아 더욱 충성해야 할 것이다.

> "너는 네 형제 레위 지파 곧 네 조상의 지파를 데려다가 너와 함께 있게 하여 너와 네 아들들이 증거의 장막 앞에 있을 때 그들이 너를 돕게 하라"
>
> ──────────────────────────── 민 18:2

2절 증거의 장막의 다른 이름들

하나님께서 아론에게 "너는 네 형제 레위 지파 곧 네 조상의 지파를 데려다가 너와 함께 있게 하여 너와 네 아들들이 증거의 장막 앞에 있을 때 그들이 너를 돕게 하라"고 말씀하신다. 한편 '증거의 장막'이란 하나님의 임재와 언약의 증표로 세워진 장막이란 뜻이다. 그런데 '증거의 장막'의 여러 다른 이름들이 있다. 그렇다면 '증거의 장막'의 여러 다른 이름들은 무엇일까?

거룩한 신성을 강조한 성막이란 이름이 있다(17:13; 출 26:1).

회중과 하나님이 만난다는 뜻의 성막이란 이름이 있다(23절; 출 27:21; 레 1:1).

하나님의 임재의 뜻이 있는 여호와의 전이란 뜻이 있다(왕상 3:1; 스 7:16).

율법과의 관련성을 나타난 법막이란 이름이 있다(대하 24:6) 등이다.

특히 증거의 장막은 성도와 깊은 관련이 있다. 즉 부활하신 예수께서 승천하신 후, 약속하신 성령을 보내주시고, 성령께서는 성도의 몸을 성전 삼으시고 거하신다(고전 3:16).

따라서 우리는 구별된 성도의 삶을 통해서 하나님께 영광을 돌려야 할 것이다.

"너는 네 형제 레위 지파 곧 네 조상의 지파를 데려다가 너와 함께 있게 하여 너와 네 아들들이 증거의 장막 앞에 있을 때 그들이 너를 돕게 하라 레위인은 네 직무와 장막의 모든 직무를 지키려니와 성소의 기구와 제단에는 가까이 하지 못하리니 두렵건대 그들과 너희가 죽을까 하노라 레위인은 너와 합동하여 장막의 모든 일과 회막의 직무를 다할 것이요 다른 사람은 너희에게 가까이 하지 못할 것이니라 이와 같이 너희는 성소의 직무와 제단의 직무를 다하라 그리하면 여호와의 진노가 다시는 이스라엘 자손에게 미치지 아니하리라 보라 내가 이스라엘 자손 중에서 너희의 형제 레위인을 택하여 내게 돌리고 너희에게 선물로 주어 회막의 일을 하게 하였나니 너와 네 아들들은 제단과 휘장 안의 모든 일에 대하여 제사장의 직분을 지켜 섬기라 내가 제사장의 직분을 너희에게 선물로 주었은즉 거기 가까이 하는 외인은 죽임을 당할지니라"

———————————————————————————— 민 18:2-7

2-7절   아론의 예표와 여러 직무에 대한 모형

하나님께서 대제사장인 아론과 제사장인 그의 아들들에게 성소의 업무(분향단, 등대, 진설병과 번제단에서의 제사)를 맡기셨고, 레위 지파의 세 가문, 즉 고핫 가문과 게르손 가문과 므라리 가문은 제사장 곁에서 돕는 일과 세분화된 성막의 업무를 맡게 하셨다(민 3:14-39). 그런데 본문에는 그리스도를 예표한 것과 아론을 중심으로 이루어지는 직무가 오늘날 교회 사역의 모형이다. 그렇다면 본문에 나타난 아론은 누구를 예표한 것이며, 아론의 중심으로 이루어진 여러 직무는 오늘날 교회 직무와 어떻게 연결하여 생각할 수 있을까?

아론은 대제사장으로서 오실 메시야를 예표하였다(히 8:1). 그래서 아론을 중심으로 이루어지는 교회 사역은 그리스도 중심의 사역, 즉 주의 성령께서 중심이 되셔서 이끄시는 교회 사역이다. 아론의 아들들의 제사장 사역은 목양의 사명을 맡은 교역자들에 대한 모형이고, 세분화된 성막의 직임은 교회에서 교역자 중심으로 이루어지는 여러 직분을 맡은 성도들의 사역이다.

따라서 직분을 맡은 성도마다 이방인으로서 주의 구원을 받았을 뿐만 아니라 레위 지파에 속한 자 같이 쓰임 받게 된 은혜를 상기하고 즐겁게 충성해야 할 것이다.

"레위인은 네 직무와 장막의 모든 직무를 지키려니와 성소의 기구와 제단에는 가까이 하지 못하리니 두렵건대 그들과 너희가 죽을까 하노라"

———————————————————————— 민 18:3

3절　"성소와 기구와 제단에는 가까이하지 못하리니"

본문에서 레위인, 즉 아론은 대제사장으로, 아론의 아들들은 제사장의 직임을 맡았다. 나머지 레위 지파의 세 가문은 성막에서 세분화된 직임을 맡았다. 그런데 오늘 본문에서 하나님께서는 아론과 그의 아들들 외에 레위 지파의 세 가문 사람들에게는 "성소와 기구와 제단에는 가까이하지 못한다" 하셨다. 그렇다면 레위 지파의 세 가문이 "성소와 기구와 제단에는 가까이하지 못한다"란 레위 지파의 세 가문에게 무엇을 금한 말씀이었을까?

'성소의 기구'란 언약궤(법궤), 분향단, 등대, 진설병상, 번제단과 또 이것들에 부속된 것들을 가리킨다(3:14-39; 4장). 그런데 성소의 기구들은 고핫 자손에게만 어깨에 메고 운반하게 했다. 그렇지만 그들은 성소의 기구들을 운반하는 것 외에 제사와 관련한 성소의 기구들은 수습하거나 만질 수 없었고, 아론의 아들 엘르아살의 감독 아래 관리되고 이동되었다(민 4:5-16).

한편 본문에서는 "성소의 기구와 제단에는 가까이하지 못하리니"라고 했다. 이는 제사와 관련한 성소의 기구뿐만 아니라 아론과 그의 아들들 외에 레위 지파에 속한 그 누구에게도 제사장직을 허용하지 아니하셨다는 뜻이다. 그런데 민수기 16장에는 아론과 그의 아들들과 가장 가까이에서 봉사했던 고핫 가문의 고라와 그 일당으로부터 반역이 발생했다.

따라서 담임 교역자 중심에서 가장 가까이에서 중책을 맡은 성도일수록 레위 지파 고핫 가문의 고라를 상기하고, 하나님께서 허용하신 영적 범위를 지키고, 교만하지 않도록 본분에 충실해야 할 것이다.

"레위인은 너와 합동하여 장막의 모든 일과 회막의 직무를 다할 것
이요 다른 사람은 너희에게 가까이 하지 못할 것이니라"

──────────────────────────────────── 민 18:4

4절 "다른 사람"

본문에서는 레위인들이 직무를 다하여 제사장 중심의 제사 사역을
돕게 하신다. 하지만 제사 중심의 제사장 사역은 레위인 외에 '다른
사람'에게는 허용되지 않는다(1:51-52). 그렇다면 여기서 '다른 사람'이
란 누구를 가리킬까?

'다른 사람'이란 이스라엘 자손 이외의 사람들, 즉 이방인을
가리키지 않는다. 즉 성막 봉사를 맡은 제사장과 레위 지파 세
가문을 제외한 모든 이스라엘 자손을 가리킨다.

한편 하나님께서는 당신의 거룩함을 유지하기 위해서 당신의
임재를 상징하는 성막에 아무나 접근할 수 없게 하셨다. 그렇지
만 예수 그리스도께서 십자가에서 이 모든 규례를 철폐하셨다.
이 때문에 누구든지 주 예수의 대속을 믿는 자마다 담대하게 주
하나님께 나아갈 수 있게 되었다(히 10:19).

따라서 우리는 본문과 같이 하나님께 가까이 나아가 예배할
수 없었던 다른 사람들이었다는 사실을 상기하고, 언제든지 주
의 이름을 부르고, 그 이름을 찬양하고 예배할 수 있도록 은혜
주신 하나님께 영광을 돌려야 할 것이다.

"보라 내가 이스라엘 자손 중에서 너희의 형제 레위인을 택하여 내게 돌리고 너희에게 선물로 주어 회막의 일을 하게 하였나니 너와 네 아들들은 제단과 휘장 안의 모든 일에 대하여 제사장의 직분을 지켜 섬기라 내가 제사장의 직분을 너희에게 선물로 주었은즉 거기 가까이 하는 외인은 죽임을 당할지니라"

—— 민 18:6-7

6-7절　성막에서 봉사하게 된 레위 지파에 속한 세 가문의 유래

하나님께서 본문 7절 하반절 말씀에서 "아론에게 그와 그 아들들에게 제사장 직분을 선물로 주었다"라고 밝힌다. 이는 아론과 그 아들들의 제사장 직분에 대한 하나님의 주권과 은혜의 표방을 시사한 것이다. 더욱이 하나님께서는 아론과 그의 아들들의 원활한 사역, 돕는 사역을 위해 레위 지파, 즉 레위 지파의 세 가문을 선물로 주셨다. 여기서 "내게 돌리고 너희에게 선물로 주어"(아론과 그 아들들에게 선물로 주신 레위 지파의 세 가문)라고 하신다. 그런데 하나님께서는 제사장 직임을 감당하는 아론과 그 아들들에게 레위 지파의 세 가문의 사람들을 선물로 주셨다. 그렇다면 어떠한 유래에서 레위 지파의 세 가문의 사람들이 아론과 그 아들들의 제사장직을 돕고, 성막에서 섬기도록 하셨을까?

예수 그리스도의 대속, 즉 구원의 예표인 유월절 양의 피를 이스라엘 집 문 좌우 설주와 인방에 바르게 하셨다. 그런데 집집에 문 좌우 설주와 인방에 유월절 양의 피를 바른 이스라엘 집의 장자와 생축의 첫 것은 구원을 받았지만, 유월절 양의 피가 발견되지 아니한 애굽 집의 장자와 생축의 첫 것은 모두 사망하였다. 그래서 하나님께서는 유월절 사건, 즉 이스라엘 자손의 장자의 구원을 대신한 사건을 유래로, 이스라엘 모든 가정의 장자들을 당신의 소유로 삼으셨다. 또 하나님께서는 그 장자들을 대신하여 레위인을 구별하셨고, 그들을 제사장들에게(아론과 그의 아들들) 선물로 주셨다(3:40-51). 그런데 아론의 집도 하나님으로부터 선택을 받았고, 아론과 그의 아들들의 제사장직을 돕는 레위 지파의 세 가문의 레위인들도 하나님으로부터 선택을 받았다.

따라서 우리는 하나님 앞에서 맡은 직책의 고하를 막론하고 그것이 하나님으로부터 선택된 선물임을 인지하고 성실하게 사명을 수행해야 할 것이다.

"여호와께서 또 아론에게 이르시되 보라 내가 내 거제물 곧 이스라엘 자손이 거룩하게 한 모든 헌물을 네가 주관하게 하고 네가 기름 부음을 받았음으로 말미암아 그것을 너와 네 아들들에게 영구한 몫의 음식으로 주노라 지성물 중에 불사르지 아니한 것은 네 것이라 그들이 내게 드리는 모든 헌물의 모든 소제와 속죄제와 속건제물은 다 지극히 거룩한즉 너와 네 아들들에게 돌리리니 지극히 거룩하게 여김으로 먹으라 이는 네게 성물인즉 남자들이 다 먹을지니라 네게 돌릴 것은 이것이니 곧 이스라엘 자손이 드리는 거제물과 모든 요제물이라 내가 그것을 너와 네 자녀에게 영구한 몫의 음식으로 주었은즉 네 집의 정결한 자마다 먹을 것이니라 그들이 여호와께 드리는 첫 소산 곧 제일 좋은 기름과 제일 좋은 포도주와 곡식을 네게 주었은즉 그들이 여호와께 드리는 그 땅의 처음 익은 모든 열매는 네 것이니 네 집에서 정결한 자마다 먹을 것이라 이스라엘 중에서 특별히 드린 모든 것은 네 것이 되리라 여호와께 드리는 모든 생물의 처음 나는 것은 사람이나 짐승이나 다 네 것이로되 처음 태어난 사람은 반드시 대속할 것이요 처음 태어난 부정한 짐승도 대속할 것이며 그 사람을 대속할 때에는 난 지 한 달 이후에 네가 정한 대로 성소의 세겔을 따라 은 다섯 세겔로 대속하라 한 세겔은 이십 게라이니라 오직 처음 태어난 소나 처음 태어난 양이나 처음 태어난 염소는 대속하지 말지니 그것들은 거룩한즉 그 피는 제단에 뿌리고 그 기름은 불살라 여호와께 향기로운 화제로 드릴 것이며 그 고기는 네게 돌릴지니 흔든 가슴과 오른쪽 넓적다리 같이 네게 돌릴 것이니라 이스라엘 자손이 여호와께 거제로 드리는 모든 성물은 내가 영구한 몫의 음식으로 너와 네 자녀에게 주노니 이는 여호와 앞에 너와 네 후손에게 영원한 소금 언약이니라 여호와께서 또 아론에게 이르시되 너는 이스라엘 자손의 땅에 기업도 없겠고 그들 중에 아무 분깃도 없을 것이나 내가 이스라엘 자손 중에 네 분깃이요 네 기업이니라"

민 18:8-20

8-20절 ｜ 제사장들과 그들의 가족의 생계를 영구히 책임져 주신 연유

'거제물'이란 제의를 집전하는 제사장들을 위하여 따로 구별된 희생물과 제물의 일부분을 뜻한다. 번제단에서 불사를 필요가 없는 제물이 제사장의 몫으로 돌려졌고, 제사장은 이것을 성전 내에서 먹었다(민 18:9-10). 거제물의 종류로는 제사장 위임식에서 드려지는 희생물의 오른편 뒷다리와 화목제 희생의 뒷다리(출 29:27-28; 레 7:32, 34; 민 6:20), 화목제의 희생의 가슴(출 29:27), 기름, 포도주, 곡물의 첫 소산(민 18:12), 감사 희생으로 드리는 떡(레 7:12-14), 십일조 및 십일조를 취한 레위인이 드리는 십일조(민 18:24-29), 전쟁 전리품 가운데에서 하나님께 바쳐진 몫(민 31:29, 41, 47, 52) 등이다.

한편 본문 8절 중에서 하나님께서 "내가 내 거제물 곧 이스라엘 자손이 거룩하게 한 모든 헌물을 네가 주관하게 하고"라고 하신다. 이는 희생제물로 제단 위에서 태운 것이 아닌 모든 헌물(지성물)을 제사장의 것으로 주시겠다는 뜻이다. 또 하나님께서 본문 8절 말미에서 아론에게 "이것들을 네 아들들, 즉 제사장들의 영구한 몫의 음식으로 준다"라고 언약하신다. 여기서 일용할 양식에 대한 영구한 분깃은 '소금 언약'으로, 하나님께서 제사장들과 그의 가족들을 생계를 책임지시겠다는 뜻이다. 그런데 본문에는 하나님께서 제사장들과 그들의 가족들의 생계에 대해 소금으로 언약하신 여유에 대하여 말씀하신 구절이 있다. 그렇다면 하나님께서 제사장들과 그들의 가족의 생계를 영구하게 책임져 주신 연유는 어디에 있을까?

하나님께서 이스라엘 백성 중에서 유일하게 제사장들에게만 생계 수단을 주시지 아니하셨다. 또 그들은 제사장 외 다른 직업을 가질 수 없었다. 하나님께만 전심전력으로 헌신하게 하셨다. 그래서 하나님께서는 구별하신 그들의 분깃이요, 기업이 되어 주셨다. 이는 오늘날 모든 목회자가 받는 사례와 동일하다(롬 15:16; 고전 9:13).

따라서 목회자들은 하나님께서 생계를 책임져 주실 것을 믿고, 하나님께 전심전력으로 헌신하기 위해 세속적인 영리를 추구하지 말아야 할 것이다.

"지극히 거룩하게 여김으로 먹으라 이는 네게 성물인즉 남자들이
다 먹을지니라"

—————————————————————————— 민 18:10

10절 제사장에게 생계 수단과 다른 직업을 주지 아니하신 영적인 의도

본문 상반절에서 하나님께서는 제사장들에게 "지극히 거룩하게 여
김으로 먹으라"라고 하셨다. 이는 거룩한 곳, 즉 회막 뜰에서 제사장
들에게 분배된 음식을 깨끗한 몸과 마음으로 먹으란 뜻이다. 또 이는
하나님께서 제사장들에게 기대하시는 삶의 문화이기도 하다. 특히 여
기에는 하나님께서 제사장들에게 생계 수단을 주지 아니하시고, 제사
장 외 다른 직업을 가질 수 없게 하신 의도가 암시되어 있다. 그렇다
면 하나님께서 제사장들에게 생계 수단을 주지 아니하시고, 또 제사장
외 다른 직업을 가질 수 없게 하신 영적인 의도는 무엇일까?

하나님 가까이에서 섬기는 제사장들이 세속에 물들지 않도록
하나님께서는 제사장들에게 생계 수단을 주지 아니하셨고, 제사
장 외 다른 직업을 가질 수 없게 하셨다.
따라서 목회자들은 구별된 자로서 하나님을 섬기고, 또 세상
에서 구별하신 성도들에게 섬김의 본이 되어야 할 것이다.

"그들이 여호와께 드리는 첫 소산 곧 제일 좋은 기름과 제일 좋은
포도주와 곡식을 네게 주었은즉"

———————————————————— 민 18:12

12절 첫 소산에서 암시된 성도들과 제사장들의 신앙

여호와께 드리는 첫 소산을 제사장의 몫이 되게 하신다. 여기서 '첫
소산'이란 가장 첫 번째 것이자, '최고 품질의 것'을 일컫는다. 그런데
여기에는 성도들과 제사장들의 바람직한 신앙이 암시되어 있다. 그렇
다면 '첫 소산'에서 암시된 성도들과 제사장들의 신앙이 어떠해야 할까?

첫 것은 전체에 대한 상징이다. 그래서 첫 소산을 하나님께
드리는 것은 모든 추수한 것이 주에게서 왔음을 고백하는 것이다.
또 첫 소산이 '최고의 품질의 것'이란 점에서 소산 중에서 가
장 좋은 것을 골라 하나님께 바치는 것을 말한다. 이 때문에 성
도들은 첫 소산에서 암시된 것 같이 일상적인 것과 귀한 것에
대한 하나님의 주권을 인정할 뿐만 아니라 또 하나님께 바치는
예물마다 구별하여 가장 좋은 것으로 바치고자 해야 한다.
또 제사장, 즉 교역자들은 하나님께서 가장 귀한 분깃을 받게
하셨다는 점에서 주의 은혜를 힘입어 더욱 물질을 비롯한 세속
주의 극복하고 충성해야 할 것이다.

"이스라엘 자손이 여호와께 거제로 드리는 모든 성물은 내가 영구한 몫의 음식으로 너와 네 자녀에게 주노니 이는 여호와 앞에 너와 네 후손에게 영원한 소금 언약이니라"

———————————————— 민 18:19

19절　소금 언약의 근거가 되는 영적인 성도의 축복

하나님께서 본장 8-19절에서 아론과 그의 자녀들에게 언약하신다. 그런데 본문에서 그 언약을 가리켜 '소금 언약'이라고 하신다. 여기서 '소금 언약'이란 소금처럼 변치 않는 언약(레 2:13), 즉 하나님의 신실하신 은혜로, 아론과 그의 아들들에게 제사장직과 그에 따른 권리를 영원히 보장해 준다는 약속이다. 그런데 넓은 의미에서 본문의 제사장들에게 나타난 소금 언약은 복음의 측면에서 신약시대 성도들에게도 적용된다. 그렇다면 소금 언약의 근거가 되는 영적인 성도의 축복은 신약 성경 어디에 기록되어 있을까?

"그러나 너희는 택하신 족속이요 왕 같은 제사장들이요 거룩한 나라요 그의 소유가 된 백성이니 이는 너희를 어두운 데서 불러 내어 그의 기이한 빛에 들어가게 하신 이의 아름다운 덕을 선포하게 하려 하심이라"

(벧전 2:9).

여기서 제사장은 모든 성도가 제사장, 즉 교역자가 된다는 뜻이 아니다. 여기서 제사장이란 넓은 의미에서 복음으로 말미암아 성도들에게 나타난 은택을 의미한다.

한편 구약시대 성막, 즉 성전의 성소에는 기도의 상징인 분향단이 있었고, 성령의 상징인 촛대와 예수 그리스도의 말씀의 상징인 떡이 진설되어 있었다. 그런데 제사장만 성소에 출입하여 향을 피우고, 촛대의 불이 꺼지지 않도록 점검하고, 떡상에 떡을 진설할 수 있었다. 그래서 신약시대 성도를 가리켜 "신령한 제사를 드릴 거룩한 제사장"이라고 말씀한 것은 누구든지 하나님께 나아가 예배할 수 있는 성령의 은혜 시대를 가리킨다.

따라서 중생의 은혜 안에 있는 우리는 항상 주께 감사하고, 성령의 아홉 가지 열매를 맺으며 주께 영광을 돌려야 할 것이다 (갈 5:22-23).

"여호와께서 또 아론에게 이르시되 너는 이스라엘 자손의 땅에 기업도 없겠고 그들 중에 아무 분깃도 없을 것이나 내가 이스라엘 자손 중에 네 분깃이요 네 기업이니라"

———————————————————————— 민 18:20

20절 ┃ 하나님을 믿는 성도의 삶의 자세

하나님께서는 중생한 성도에게 하나님의 자녀가 되는 권세를 주신다(요 1:12). 더욱이 그리스도의 대속을 믿는 성도는 영적으로 왕 같은 제사장이다(벧전 2:9). 여기서 '왕 같은 제사장'이란 지금의 교역자와 같은 직분의 측면이라기보다 하나님께 직접 나아가 예배하고 섬길 수 있는 은혜의 측면을 가리킨다. 그런데 하나님께서 제사장들에게는 땅의 기업을 주지 않는다. 그렇지만 하나님께서 친히 제사장들의 기업이 되어 주시겠다고 약속하신다. 그렇다면 성도들이 영적인 측면에서 제사장이라고 했을 때, 하나님을 믿는 성도의 삶의 자세는 어떠해야 할까?

하나님께서 땅의 기업을 주지 아니한 제사장들을 방치하지 아니하시고 하나님 자신이 그들의 기업과 분깃이 되어 주셨다. 이는 제사장들에게 나타내신 그 어떤 것보다 신실한 아름다운 선물이었다.

따라서 은혜의 측면에서 제사장인 성도는 더욱 주를 의지하여 주의 섭리를 이루어야 할 것이다.

"내가 이스라엘의 십일조를 레위 자손에게 기업으로 다 주어서 그들이 하는 일 곧 회막에서 하는 일을 갚나니"

— 민 18:21

21절　족장 시대부터 시작된 십일조와 십일조에 대한 하나님의 주권

본문에서 하나님은 이스라엘의 십일조를 '회막'에서 봉사하는 레위인들에게 주게 하셨다. 모세 율법에서 다루고 있는 십일조는 족장 시대부터 시작되었고(창 14:20), 하나님께서는 십일조 의무를 다한 자들에게 복을 약속하셨다(말 3:10). 특히 십일조는 하나님의 주권을 인정하는 측면이 강하다(말 3:8). 그렇다면 모세 율법에 앞서 족장 시대부터 십일조가 있었다는 점과 십일조에 대한 하나님의 주권에서 발견된 점은 무엇에 대한 시사일까?

하나님께서 시내산(호렙산)에서 성민 이스라엘에게 율법을 주셨다. 그렇지만 족장 시대 아브라함은 아직 십일조에 대한 율법이 없었을 때에도 하나님의 주권과 관련된 십일조를 바쳤다. 이는 율법을 받지 아니한 자, 즉 이방인에게까지 미치는 하나님의 주권에 대한 시사이고, 또 율법이 존재하지 아니했음에도 아브라함이 율법, 즉 하나님의 뜻을 좇아갔다는 점에서 약속받은 자에게 나타나는 하나님의 은혜이다.

따라서 만물에 대한 하나님의 주권을 인정하는 우리는 십일조가 율법이 아닌 더 큰 은혜가 되게 해야 할 것이다.

"내가 이스라엘의 십일조를 레위 자손에게 기업으로 다 주어서 그
들이 하는 일 곧 회막에서 하는 일을 갚나니 이 후로는 이스라엘
자손이 회막에 가까이 하지 말 것이라 죄값으로 죽을까 하노라 그
러나 레위인은 회막에서 봉사하며 자기들의 죄를 담당할 것이요
이스라엘 자손 중에는 기업이 없을 것이니 이는 너희 대대에 영원
한 율례라 이스라엘 자손이 여호와께 거제로 드리는 십일조를 레
위인에게 기업으로 주었으므로 내가 그들에 대하여 말하기를 이스
라엘 자손 중에 기업이 없을 것이라 하였노라"

———————————————————————————— 민 18:21-24

21-24절　이스라엘 백성과 레위인이 십일조에서 공감한 것

　하나님께서는 이스라엘 백성이 바치는 십일조를 성막의 봉사를 맡
은 레위인의 기업이 되게 하셨다. 그런데 십일조는 하나님과 관련하
여 이스라엘 백성과 레위인 모두 동일하게 기억하게 하는 그 무엇이
있다. 그렇다면 이스라엘 백성과 레위인이 십일조에서 공감한 것은 무
엇이었을까?

　십일조는 하나님의 주권에 대한 백성의 신앙고백이었다. 더욱
이 십일조가 결실과 맞물려 있었다. 그래서 십일조는 하나님의
은혜의 산물이었다.
　한편 십일조가 기업이 없는 레위인에게 돌아갔다. 이 때문에
십일조는 레위인에게도 하나님의 은혜의 산물이었다. 그런데 십
일조는 누구에게나 결실을 성취해 주신 주 하나님의 은혜의 산
물이다.

따라서 우리는 십일조가 율법이 아니라 은혜가 되게 해야 할 것이다.

"내가 이스라엘의 십일조를 레위 자손에게 기업으로 다 주어서 그들이 하는 일 곧 회막에서 하는 일을 갚나니 이 후로는 이스라엘 자손이 회막에 가까이 하지 말 것이라 죄값으로 죽을까 하노라 그러나 레위인은 회막에서 봉사하며 자기들의 죄를 담당할 것이요 이스라엘 자손 중에는 기업이 없을 것이니 이는 너희 대대에 영원한 율례라 이스라엘 자손이 여호와께 거제로 드리는 십일조를 레위인에게 기업으로 주었으므로 내가 그들에 대하여 말하기를 이스라엘 자손 중에 기업이 없을 것이라 하였노라"

—— 민 18:21-24

21-24절 │ 십일소 바지는 성도의 바람직한 자세

하나님께서는 십일조에 대한 축복을 선포하셨다(말 3:10- 12). 그렇지만 말라기에 나타난 십일조에 대한 축복에 앞서, 하나님께서는 그의 백성에게 "재물 얻을 능력을 주셨다"라고 말씀하셨다. 그렇다면 십일조 바치는 성도의 바람직한 자세는 무엇일까?

하나님께서는 당신의 백성에게 이미 재물 얻을 능력을 주셨다. 따라서 십일조 바치는 자는 축복을 받기 위한 수단이 아닌 모든 것에 대한 하나님의 주권을 인정하고(욥 1:21), 또 하나님께서 이미 백성에게 재물 얻는 능력을 주셨음으로 십일조를 가능하게 하신 하나님께 경배하며 십일조를 바쳐야 할 것이다.

> "그러나 레위인은 회막에서 봉사하며 자기들의 죄를 담당할 것이
> 요 이스라엘 자손 중에는 기업이 없을 것이니 이는 너희 대대에 영
> 원한 율례라"
>
> ──────────────── 민 18:23

23절 "자기들의 죄를 담당할 것이요"

레위인은 제사장처럼 가정과 성읍이 있었고 이들 성읍에 딸린 초목지가 있었으나 별도로 구분된 땅은 없었다. 하지만 레위인은 하나님께서 그들의 기업이 되어 주셨고, 또 십일조가 그들의 응식이 되게 하셨다.

한편 본문 상반절에서 회막에서 봉사하는 레위인에게 "자기들의 죄를 담당할 것이요"라고 한다. 그렇다면 레위인에게 "자기들의 죄를 담당할 것이요"란 말은 무엇을 뜻한 것일까?

이는 그들이 책임을 다하지 못했을 때, 발생한 죄에 대하여 그들이 담당해야 한다는 뜻이다.

한편 레위인은 성막에서 맡은 일과 기타 지파들이 회막에 가까이 오지 않도록 부지런히 살펴야 했다. 특히 그들의 사명은 하나님의 성막에서 섬기는 일이었다. 그래서 폐부(마음의 깊은 속)를 살피시는 하나님께서 그들에게 "자기들의 죄를 담당할 것이요"라고 하시며, 그들이 사람에게 잘 보이려고 하기 보다 수 하나님만을 의식하고, 충성하며, 책임 있는 삶을 살게 하셨다.

따라서 하나님의 자녀인 우리는 하나님 앞에서 자신을 책임지는 삶을 살아야 할 것이다.

"여호와께서 모세에게 말씀하여 이르시되 너는 레위인에게 말하여 그에게 이르라 내가 이스라엘 자손에게 받아 너희에게 기업으로 준 십일조를 너희가 그들에게서 받을 때에 그 십일조의 십일조를 거제로 여호와께 드릴 것이라"

— 민 18:25-26

25-26절　하나님께서 레위인에게 의도한 것

이스라엘 백성의 십일조는 성막에서 봉사하는 레위인의 기업이었다. 그런데 레위인에게는 백성으로부터 받은 십일조에서 구별하여 하나님께 십일조 예물을 바치게 하셨다. 레위인은 성막 봉사를 위해 특별히 선택을 받았음에도 일반 백성들과 같이 하나님께 십일조를 바치게 하신 것이다. 이는 레위인에게 있어서 직분보다 더 중요한 그 무엇을 하나님께서 의도하신 것이다 그렇다면 하나님께서 레위인에게 의도하신 것은 무엇이었을까?

레위인은 성막 봉사를 위해 특별히 선택을 받았다. 그런데도 레위인에게 일반 백성들과 같이 십일조 예물을 바치게 하셨다. 이는 그들이 특별히 선택받아 하나님 가까이에서 섬길 수 있는 직분을 받았음에도 그 직위보다 더 중요한 것은 일반 백성과 같이 하나님을 섬기는데 우선해야 한다는 뜻이다. 특히 십일조 예물은 만물에 대한 하나님의 주권을 인정하는 것으로 직위보다 앞선 신앙고백이 되어야 한다. 그래서 하나님께서는 레위인에게 특별히 선택받은 직위보다 신앙이 선행되어야 한다는 점을 의도하시고, 십일조 예물을 바치게 하셨다.

따라서 우리는 그 어떤 사명을 감당하든지 직위와 명분보다 신앙이 선행되게 해야 할 것이다.

"내가 너희의 거제물을 타작 마당에서 드리는 곡물과 포도즙 틀에서 드리는 즙 같이 여기리니 너희는 이스라엘 자손에게서 받는 모든 것의 십일조 중에서 여호와께 거제로 드리고 여호와께 드린 그 거제물은 제사장 아론에게로 돌리되 너희가 받은 모든 헌물 중에서 너희는 그 아름다운 것 곧 거룩하게 한 부분을 가져다가 여호와께 거제로 드릴지니라 이러므로 너는 그들에게 이르라 너희가 그 중에서 아름다운 것을 가져다가 드리고 남은 것은 너희 레위인에게는 타작 마당의 소출과 포도즙 틀의 소출 같이 되리니"

———————————————————————————— 민 18:27-30

27-30절　레위인에 대한 축복의 역설

레위인은 백성에게 받은 십일조를 다시 구별하여 하나님께 십일조 예물을 바쳤다. 그런데 본문에서는 십일조를 바친 레위인에게 다시 구체적으로 그들에 대한 분깃을 천명하셨다. 특히 본문 27절 중반절 이하 "타작 마당에서 드리는 곡물과 포도즙 틀에서 드리는 즙 같이 여기리니"와 30절 하반절 "타작 마당의 소출과 포도즙 틀의 소출같이 되리니"라고 하시며, 레위인에 대한 축복의 분깃을 약속하셨다. 그런 데 레위인에 대한 축복의 분깃에 대한 묘사는 레위인이 아닌 기업을 받은 이스라엘 백성이 논밭에서 소출할 때의 묘사다. 그렇다면 본문의 묘사에서 무엇을 역설하며 레위인에 대한 축복을 말씀하셨을까?

하나님께서는 십일조 예물을 명령하신 레위인에게 명령과 함께 축복을 약속하셨다. "타작 마당의 소출과 포도즙 틀의 소출 같이 되리니"라고 묘사하시며, 레위인에 대한 필연적인 축복의 분깃을 역설하셨다.

한편 농부가 자기의 타작마당에서 곡식을 얻는 것은 너무나 당연하다. 이러하듯이 하나님께서는 레위인에게 십일조 의무를 지게 하시고, 농부가 필연적으로 농경에 대해 수확하듯이, 레위인들이 '필연적으로 그들의 분깃을 받는다'라고 역설하시며, 축복의 분깃을 천명하셨다. 이는 복음으로 말미암아 주의 일에 헌신된 자들에 대한 약속이기도 하다(고전 9:13-14).

따라서 우리는 복음의 발로에서, 사명 감당을 위해 헌신한 모든 것에 대하여 갚아주시는 하나님의 축복을 믿고, 항상 헌신에 선행된 삶늘이 되어야 할 것이다.

"너희가 받은 모든 헌물 중에서 너희는 그 아름다운 것 곧 거룩하게 한 부분을 가져다가 여호와께 거제로 드릴지니라"

—— 민 18:29

29절   하나님께서 기뻐 받으시는 섬김

레위인은 백성에게 받은 모든 헌물 중에서 "그 아름다운 것 곧 거룩하게 한 부분을 가져다가 여호와께 거제로 드릴지니라"라고 하신다.

이는 레위인이 백성에게 받은 십일조 중에서 가장 좋은 것을 하나님께 십일조로 바치라는 뜻이다. 또 이는 하나님께 대한 레위인의 섬김, 즉 하나님께서 기뻐 받으시는 섬김에 대하여 역설한 것이다. 그렇다면 하나님께서 기뻐 받으시는 섬김은 무엇일까?

> 여기서 하나님께서 기뻐 받으시는 섬김은 최고의 섬김에 대한 말씀이다. 그런데 하나님께 대한 최고의 섬김은 모든 것 중에 하나의 섬김이 아닌 절대적인 섬김이어야 하고, 구별된 섬김이어야 한다(출 20:3; 마 10:37, 39).
>
> 따라서 우리는 양적인 섬김보다 질적인 섬김에 대해 역점을 두고, 하나님을 섬겨야 할 것이다.

"너희와 너희의 권속이 어디서든지 이것을 먹을 수 있음은 이는 회막에서 일한 너희의 보수임이니라"

—— 민 18:31

31절 백성의 십일조를 사용할 수 있는 대상

하나님께서 레위인에게 백성을 대표하여 회막 봉사를 담당하게 하셨다. 회막 봉사를 담당한 레위인은 그에 대한 대가로 십일조를 약속받았고, 이렇게 하여 레위인은 백성에게 받은 그 예물을 권속(가족)과 함께 어디서든지 먹을 수 있었다(31절). 한편 사도 바울은 이 부분을 인용하여 신약시대에서 정당하게 백성의 십일조를 사용할 수 있는 대상에 대해 말한 바 있다. 그렇다면 이 시대에 누가 정당하게 백성의 십일조를 사용할 수 있을까?

> 예수께서는 제자들에게 복음 사역자들에 대한 보수의 정당성을 인정하셨다(마 10:10). 사도 바울은 본문의 말씀과 주의 말씀을 인용하여 복음 전하는 자들이 정당하게 사용할 수 있는 십일조에 대해 역설하였다(고전 9:13, 14).
>
> 따라서 우리는 말씀에 순종하여 주의 사역을 맡은 주의 종들에게 정당하게 돌아가야 할 분깃을 위해 반드시 십일조를 바쳐야 할 것이다.

"너희가 그 중 아름다운 것을 받들어 드린즉 이로 말미암아 죄를 담당하지 아니할 것이라 너희는 이스라엘 자손의 성물을 더럽히지 말라 그리하여야 죽지 아니하리라"

———————————————————————— 민 18:32

32절　레위인이 이스라엘 자손의 성물을 더럽히는 죄

본문에서 십일조를 가리켜 "아름다운 것이다"라고 말씀한다. 더욱이 본문에서 레위인이 이스라엘 자손의 성물을 더럽히는 것, 즉 아름다운 십일조의 죄를 범하지 않도록 경계한다. 그렇다면 무엇을 가리켜 레위인이 이스라엘 자손의 성물을 더럽혀 죄를 범한다고 하였을까?

레위인은 정당하게 백성이 바친 십일조를 가족과 함께 사용하였다. 그런데 하나님께서는 레위인이 백성에게 받은 것에서 구별하여 십일조를 바치게 하셨고, 그 십일조는 제사장들의 몫이 되었다. 그렇지만 레위인이 불복종하여 제사장의 몫이 될 십일조를 바치지 아니한다면 이는 이스라엘 백성이 바친 십일조를 도둑질하여 자신의 소유를 만든 죄를 범한 것이 되고(말 3:8), 이러한 범죄는 반드시 죽음의 형벌이 뒤따랐다.

한편 제사장들은 레위인이 바친 십일조를 제단 위에 제물의 일부를 여호와께 드려 경배와 감사를 하나님께 올렸다. 이렇게 하여 십일조 예물은 직분의 고하를 막론하고 백성으로부터 레위인과 제사장에게 이르기까지 경배와 감사의 신앙으로 승화되었다.

따라서 우리는 지위 고하를 막론하고 하나님께 영광을 돌리는 것이 무엇보다 우선시되고 신앙의 의도란 사실을 기억해야 할 것이다.

19장
정결례를 위한 법령

　민수기 14장에서 이스라엘의 각 지파의 지휘관들이 가나안 입성을 위한 정탐을 했다. 가나안 땅을 정탐하고 돌아온 열두 지파 중 열 지파의 지휘관들이 가나안 땅에 대하여 부정적인 보고를 했고, 두 지파는 긍정적인 보고를 했다. 백성은 두 지파의 지휘관들의 긍정적인 보고보다 열 지파의 부정적인 보고에 선동되어 하나님을 원망하였다. 그리하여 가나안 땅에 대하여 긍정적인 보고를 했던 여분네의 아들 갈렙과 눈의 아들 여호수아 외, 20세 이상 계수함을 받은 자들이 광야 40년 동안 모두 죽게 되었다. 또 민수기 16장에서 광야 40년 말기에 하나님께서 세우신 질서를 무너뜨리려 한 고라 일당의 반역이 있었다. 이후 이스라엘 공동체 안에 많은 주검이 발생하게 되고, 그것을 접촉함으로 인해 부정이 다반사로 일어났다. 따라서 본문에서 정결례를 위한 법령을 통해서 선민의 정결을 역설하고, 또 선민의 전인적인 성결의 중요성을 깨우치고자 하였다.

"여호와께서 모세와 아론에게 말씀하여 이르시되 여호와께서 명령하시는 법의 율례를 이제 이르노니 이스라엘 자손에게 일러서 온전하여 흠이 없고 아직 멍에 메지 아니한 붉은 암송아지를 네게로 끌어오게 하고"

———————————————————— 민 19:1-2

1-2절 ㅣ 붉은 암송아지가 상징하는 것

본문에 기록된 '법의 율례'란 '가르치는 규례' 또는 '제정된 계명'이란 뜻이다. 하나님께서 정결례를 위한 이 법을 대대로 가르치고 지키게 하셨다. 특히 본문에서 부정을 씻는 잿물을 만들기 위해 "온전하여 흠이 없고 아직 멍에 메지 아니한 붉은 암송아지를 네게로 끌어오게 하고"라고 한다. 여기서 '아직 멍에 메지 아니했다'란 세속적인 목적에 한 번도 활용된 적이 없는 순결의 상태를 의미한다. 그렇다면 본문의 말씀에서 "붉은 암송아지"는 무엇에 대한 상징일까?

부정을 씻는 잿물을 만들 때 사용한 붉은 암송아지에서 '붉은 색깔'이란 피를 상징하고, 이는 인류의 구원을 위해 십자가에서 흘리신 그리스도의 대속의 피를 상징한다(히 9:12-13). 특히 구약시대에 속제 제물로 희생되었던 암송아지는 그 효력이 일회적이었지만 예수 그리스도의 희생은 영원한 효력을 발생한다. 또 암송아지의 희생의 잿물은 외적인 부정을 정결케 하는 것이었지만 예수 그리스도의 대속의 피는 인간의 전인격을 정결하게 하는 능력이 된다.

따라서 예수 그리스도 안에서 영원한 생명 안에 있는 우리는 항상 충성하는 신앙을 잃지 말아야 할 것이다.

"너는 그것을 제사장 엘르아살에게 줄 것이요 그는 그것을 진영 밖
으로 끌어내어서 자기 목전에서 잡게 할 것이며"

———————————————————————————— 민 19:3

3절　진 밖에서 잡은 붉은 암송아지

　하나님께서 제사장 엘리에셀에게 그리스도의 대속의 예표인 흠이
없고 아직 멍에 메지 아니한 붉은 암송아지를 부정하게 취급하여 진
밖에서 잡도록 하였다. 그런데 붉은 암송아지를 진 밖에서 잡도록 한
것에 대한 예표가 있고, 여기에 대한 영적인 의도가 있다. 그렇다면
진 밖에서 잡은 붉은 암송아지의 상징은 무엇이며, 여기에 대한 영적인
의도는 무엇일까?

　　하나님께서 택하신 백성이 진영은 하나님의 임재로 인해 거룩
하고 생명이 풍성한 곳이다. 하지만 이스라엘의 진 밖에서 잡은
붉은 암송아지, 즉 그리스도는 인류의 대속을 위해 죄인의 자격
으로 예루살렘 성 밖에서 십자가에 돌아가신 그리스도에 대한
상징이다(마 27:33; 막 15:22). 특히 영원한 사망의 지옥과 영원한
생명의 천국이 함께 할 수 없다. 이 때문에 인류의 대속의 예표
인 붉은 암송아지를 하나님의 임재로 말미암은 거룩한 진영이
아닌 죄악 세상의 상징인 진영 밖에서 잡도록 하였다. 더욱이
제사장이 진영 밖에서 잡은 희생제물의 피, 즉 생명의 상징인
제물의 피는 성소에 가지고 들어갔고, 죄의 상징인 육체는 진영
밖에서 불살랐다(히 13:11, 12).
　따라서 거룩한 지체인 우리는 진영 밖에서 죄를 짊어진 제물

이 불태워졌듯이 성령의 능력에 의지하여 죄를 버리고, 거룩한 삶을 통해서 하나님께 영광을 돌려야 할 것이다.

"너는 그것을 제사장 엘르아살에게 줄 것이요 그는 그것을 진영 밖으로 끌어내어서 자기 목전에서 잡게 할 것이며 제사장 엘르아살은 손가락에 그 피를 찍고 그 피를 회막 앞을 향하여 일곱 번 뿌리고"
———————————————— 민 19:3-4

3-4절 **제물의 피를 일곱 번 뿌린것에 대한 복음의 예시**

제사장 엘르아살은 정결 의식을 위해 잡은 제물의 피를 그 손가락에 찍고 회막(성막) 앞을 향하여 일곱 번 뿌렸다.

한편 성경문학에서 '7'은 완전과 안식을 상징하는 숫자로 쓰였다. 그렇다면 제사장 엘르아살이 제물의 피를 일곱 번 뿌린 것에서 나타난 복음의 예시는 무엇일까?

여기에 나타난 일곱 번의 피 뿌림의 예시는 인류의 구원을 위한 그리스도의 완전한 속죄를 예시했다. 또 '주 예수'로만의 구원을 예시했다.

따라서 완전하신 주의 구원을 믿는 우리는 진리를 좇고, 또 주 예수 그리스도의 장성한 분량에까지 자라가야 할 것이다(엡 4:13-14).

"그 암소를 자기 목전에서 불사르게 하되 그 가죽과 고기와 피와
똥을 불사르게 하고"

———————————————————————— 민 19:5

5절 암소를 완전히 소각한 것에 대한 상징적 예시와 성도가 좇아야 하는 신앙생활

제사장 엘르아살은 자기 목전에서 정결 의식을 위하여 잡은 붉은
암송아지를 불사르게 하되, 그 가죽과 고기와 피와 똥까지 완전히 소
각하게 했다. 그런데 완전히 소각한 제물은 성도를 위한 그리스도의
상징적 예시인 동시에 성도가 좇아야 하는 신앙생활이다. 그렇다면 암
소를 완전히 소각한 것에 대한 상징적 예시와 성도가 좇아야 하는 신앙
생활은 무엇일까?

암소와 가죽과 고기와 피와 똥을 불사르게 한다는 것은 암소
전체를 불사른다는 것이다. 이는 그리스도의 완전한 희생을 가
리키는 것으로 예수 그리스도께서는 인류의 구원을 위해 십자가
에서 온몸을 다 바쳐 희생제물이 되셨다(막 10:45).
따라서 그리스도의 지체인 성도는 성령의 능력에 의지하여 옛
사람을 버리고, 주 예수 그리스도를 좇아야 할 것이다(롬 12:1).

> "동시에 제사장은 백향목과 우슬초와 홍색 실을 가져다가 암송아지를 사르는 불 가운데에 던질 것이며"
>
> ──────────────── 민 19:6

6절 │ 복음과 관련한 예시

우슬초는 박하과의 털이 무성한 향초로, 물이나 피를 적시는 솔 역할을 한다(출 12:21-23).

한편 본문에서 하나님은 제사장 엘르아살에게 정결 의식을 위해, 백향목과 우슬초와 홍색 실을 가져다가 자기 목전에서 잡은 붉은 암송아지를 사르는 불 가운데 던지도록 하셨다. 여기서 '백향목'은 쉽게 썩지 않는 고품질의 영구적인 목재다. 또 '우슬초'와 '홍색 실'은 백향목과 더불어 문둥병 환자를 정결케 하는 의식에 사용되었다(레 14:4, 6, 49, 51, 52). 그런데 제사장이 정결 의식을 위해 백향목과 우슬초와 홍색 실을 가져다가 암송아지를 사르는 불 가운데에 던지도록 한 것은 복음과 관련하여 상징적인 의미가 있다. 그렇다면 백향목과 우슬초와 홍색 실은 복음과 관련하여 무엇을 의미할까?

이는 복음과 관련하여 인류의 구원을 위한 완전하고 영원한 대속 제물을 의미한다.

따라서 죄 사함을 받은 우리는 마땅히 성령의 능력에 의지하여 죄를 버리는 삶, 즉 성화의 삶을 통해서 주께 영광을 돌려야 할 것이다.

"제사장은 자기의 옷을 빨고 물로 몸을 씻은 후에 진영에 들어갈 것이라 그는 저녁까지 부정하리라 송아지를 불사른 자도 자기의 옷을 물로 빨고 물로 그 몸을 씻을 것이라 그도 저녁까지 부정하리라 이에 정결한 자가 암송아지의 재를 거두어 진영 밖 정한 곳에 둘지니 이것은 이스라엘 자손 회중을 위하여 간직하였다가 부정을 씻는 물을 위해 간직할지니 그것은 속죄제니라 암송아지의 재를 거둔 자도 자기의 옷을 빨 것이며 저녁까지 부정하리라 이는 이스라엘 자손과 그중에 거류하는 외인에게 영원한 율례니라"

—— 민 19:7-10

7-10절　본문의 예시(옷을 빨고 물로 몸을 씻게 한 연유)

본문에는 제사를 관장한 제사장을 비롯해서 제사에 관련된 자들이 저녁까지 부정하다고 했다. 붉은 암송아지 피를 찍은 제사장을 비롯해서 그 송아지를 불사른 자와 불사른 송아지 재를 거둔 자까지 모두 저녁까지 부정하다고 했다. 그런데 부정하기 때문에 정결 의식, 즉 옷을 빨고 물로 몸을 씻게 하였다. 이는 그리스도를 믿는 자들에게 나타나는 은혜에 대한 상징이다. 그렇다면 옷을 빨고 물로 씻게 한 것에서 예시된 성도의 은혜는 무엇일까?

옷을 빨고 물로 씻게 한 것은 깨끗하게 씻음으로 죄 사함을 받아 정결케 됨을 나타내는 상징적인 묘사다. 특히 옷이 신분을 드러냄을 의미한다고 할 때, 그리스도를 믿는 우리는 주의 보혈의 권세와 성령의 도우심의 역사로 그리스도의 품성을 닮아간다.

따라서 우리는 옷을 빨고 물로 씻는 회개를 통해서 예수 그리스도의 의의 옷을 입어야 할 것이다.

"사람의 시체를 만진 자는 이레 동안 부정하리니 그는 셋째 날과 일곱째 날에 잿물로 자신을 정결하게 할 것이라 그리하면 정하려 니와 셋째 날과 일곱째 날에 자신을 정결하게 하지 아니하면 그냥 부정하니 누구든지 죽은 사람의 시체를 만지고 자신을 정결하게 하지 아니하는 자는 여호와의 성막을 더럽힘이라 그가 이스라엘에 서 끊어질 것은 정결하게 하는 물을 그에게 뿌리지 아니하므로 깨 끗하게 되지 못하고 그 부정함이 그대로 있음이니라"

—— 민 19:11-13

11-13절　성막을 더럽히는 연유

죽은 사람의 시체를 만진 자는 이레 동안 부정하다고 했다. 이는 죄가 사망을 초래했기 때문이다. 그래서 주검을 만진 자는 "셋째 날과 일곱째 날에 잿물로 자신을 정결하게 할 것이라"고 했다. 하지만 "셋 째 날과 일곱째 날에 잿물로 자신을 정결하게 하지 아니하면 그냥 부 정하니"라고 했다. 특히 "누구든지 죽은 사람의 시체를 만지고 자신을 정결하게 하지 아니하는 자는 여호와의 성막을 더럽힘이라"고 했다. 그렇다면 어떠한 연유에서 죽은 사람의 시체를 만지고 자신을 정결하게 하지 아니하는 자가 성막까지 더럽히는 죄를 범하는 것일까?

죗값은 사망이다. 이 때문에 죽은 사람의 주검을 만진 자는 '이레 동안 부정하다'라고 했다. 여기서 '부정하다'란 죄가 있다 는 것을 의미한다. 또 '이레 동안 부정하다'란 완전한 죄를 가리 킨다. 특히 '죄'란 누룩같이 백성의 출입이 있는 성막으로 파급 되고, 성막으로 파급된 죄는 백성 전체를 향해 파급된다. 그래서 죄지은 자는 회개의 상징인 잿물로 자신을 정결하게 하여 죄의 파급을 차단해야 한다.

따라서 우리는 회개의 열매를 풍성하게 맺고 죄가 다른 곳까지 파급되지 않도록 해야 할 것이다.

"누구든지 죽은 사람의 시체를 만지고 자신을 정결하게 하지 아니하는 자는 여호와의 성막을 더럽힘이라 그가 이스라엘에서 끊어질 것은 정결하게 하는 물을 그에게 뿌리지 아니하므로 깨끗하게 되지 못하고 그 부정함이 그대로 있음이니라"

— 민 19:13

13절 회개하지 아니한 자가 이스라엘에서 끊어진다는 말씀의 의미

본문에서 "누구든지 죽은 사람의 시체를 만지고 자신을 정결하게 하지 아니하는 자는 여호와의 성막을 더럽힘이라"라고 했다. 하지만 부정한 자가 정결하게 하지 아니했을 때, 즉 죄를 짓고 회개하지 아니했을 때, 죄를 범한 자는 "이스라엘에서 끊어진다"라고 했다. 그렇다면 정결하게 하지 않은 자, 즉 회개하지 아니한 자가 이스라엘에서 끊어진다는 말씀은 무엇을 의미하는 것일까?

이는 회개하지 아니한 자가 주의 대속의 은혜 안에서 끊어진다는 말씀이고, 또 주의 대속을 믿는 신앙의 공동체에서 끊어진다는 말씀이다. 그런데 회개하지 아니하고 신앙의 공동체에서 끊어진다는 것은 스스로 구원받지 아니했음을 인정하는 것이다 (계 21:8).

따라서 우리는 신앙이 헛되지 아니하도록 회개의 은혜를 구해야 할 것이다.

"장막에서 사람이 죽을 때의 법은 이러하니 누구든지 그 장막에 들어가는 자와 그 장막에 있는 자가 이레 동안 부정할 것이며 뚜껑을 열어 놓고 덮지 아니한 그릇은 모두 부정하니라"

— 민 19:14-15

14-15절 ｜ 본문에서 일깨우고자 한 것

장막에서 사람이 죽을 때의 법은 다음과 같다. 본문 14절 중반절 이하에서 "누구든지 그 장막에 들어가는 자와 그 장막에 있는 자가 이레 동안 부정할 것이며"라고 했다. 또 본문 15절에서 "죽은 사람의 시체로 인해 뚜껑을 열어 놓고 덮지 아니한 그릇은 모두 부정하니라"고 했다. 이는 주검의 냄새가 뚜껑을 덮지 아니한 그릇에까지 스며들어 갔기 때문에 주검의 오염이 그릇에까지 미쳤다는 것이다. 특히 주검의 냄새가 그릇의 내부까지 미치는 부정한 것이라고 했을 때, 여기에는 경각심을 일깨우고자 하는 영적인 의도가 있다. 그렇다면 주검의 냄새가 열어 놓은 그릇 내부까지 오염시킨다고 했을 때, 무엇에 대한 경각심을 일깨우고자 했을까?

'부정'이란 외적인 부정(죄)뿐만 아니라 내적인 부정(죄)이 있다. 그런데 본문에서 주검의 냄새가 열어놓은 그릇 내부까지 오염시킨다는 것은 하나님께서 외적으로 드러난 죄뿐만 아니라 외적으로 드러나지 아니한 내적인 죄까지도 심각하게 다루신다는 뜻이다. 왜냐하면 죄의 삯은 사망이기 때문이다(롬 6:23).

따라서 주의 대속으로 구원받은 우리는 성령의 능력에 의지하여 경건의 훈련을 지속하고, 외적으로 나타나는 죄뿐만 아니라 마음의 죄까지도 멀리할 수 있어야 할 것이다.

"누구든지 들에서 칼에 죽은 자나 시체나 사람의 뼈나 무덤을 만졌으면 이레 동안 부정하리니 그 부정한 자를 위하여 죄를 깨끗하게 하려고 불사른 재를 가져다가 흐르는 물과 함께 그릇에 담고 정결한 자가 우슬초를 가져다가 그 물을 찍어 장막과 그 모든 기구와 거기 있는 사람들에게 뿌리고 또 뼈나 죽임을 당한 자나 시체나 무덤을 만진 자에게 뿌리되 그 정결한 자가 셋째 날과 일곱째 날에 그 부정한 자에게 뿌려서 일곱째 날에 그를 정결하게 할 것이며 그는 자기 옷을 빨고 물로 몸을 씻을 것이라 저녁이면 정결하리라"

———————————————————— 민 19:16-19

16-19절 부정을 씻기 위한 정결의식에서 암시된 것

본문 16절은 누구든지 부정하게 된 것에 대한 말씀이고, 본문 17-19절까지는 부정을 깨끗하게 하는 방법에 관한 말씀이다. 특히 본문 17절 중반절에서 "불사른 재를 가져다가"라고 했는데, 이는 진영 밖에서 불사른 그리스도의 예표인 붉은 암송아지와 또 그 암송아지를 불사를 때 백향목과 우슬초와 홍색 실을 가져다가 던진 그 결과물인 재를 사용하여 부정을 씻는 정결예식을 하였다. 한편 본문에서 부정을 깨끗하게 해야 하는 방점은 본문 16절 "누구든지 들에서 칼에 죽은 자나 시체나 사람의 뼈나 무덤을 만졌으면"이다. 그런데 주검을 만진 자는 "이레 동안 부정하리니"라고 했다. 이는 '7'이란 성경 문학에서 완전 숫자로, 완전한 죄를 뜻한다. 그래서 본문 17-19절에서 부정(죄)을 씻기 위한 정결 의식을 행하도록 하였다. 그렇다면 부정을 씻기 위한 정결 의식에서 암시된 것은 무엇을 뜻할까?

죄의 결과물인 주검에 어떤 형태로든 접촉하였다면 타협이나 예외가 없이 철저하게 정결이 요구되었다. 이는 범죄한 자는 반드시 회개해야 한다는 암시이다. 그런데 부정(죄)을 씻기 위한 정결 의식은 인류의 속죄의 예표인 제물을 불태워 얻은 결과물인 재를 사용하게 하였다.

따라서 우리는 죄에 대하여 방관하지 말고, 주의 대속에 의지하여 회개의 열매를 풍성하게 맺어야 할 것이다.

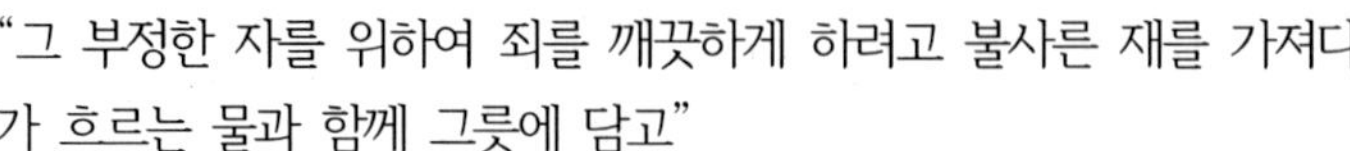

"그 부정한 자를 위하여 죄를 깨끗하게 하려고 불사른 재를 가져다
가 흐르는 물과 함께 그릇에 담고"

— 민 19:17

17절　본문에 나타난 예표

불사른 그리스도의 예표인 붉은 암송아지와 또 그 암송아지를 불사
를 때 백향목과 우슬초와 홍색 실을 가져다가 던진 그 결과물인 재를
사용하여 부정을 씻는 정결 예식을 했다. 특히 제사장은 그리스도의
대속의 예표인 불태운 붉은 암송아지로 만든 재를 "흐르는 물과 함께
그릇에 담고"라고 했다. 여기서 '흐르는 물'이란 성령의 사역을 예표한
다. 그렇다면 진영 밖에서 불태운 제물의 재와 흐르는 물은 각각 어떤
사역의 예표인가?

> 부정(죄)을 씻기 위한 의식에서 '제물의 재'란 예수 그리스도
> 의 대속의 사역을 가리키고, '흐르는 물'이란 성령의 사역을 가
> 리킨다. 이는 사죄의 은총을 위한 예수 그리스도의 대속과 성령
> 의 사역을 뜻한다(요 3:5).
> 　따라서 주의 대속을 믿는 우리는 주의 성령을 의지하여 온전
> 한 회개를 이루어야 할 것이다(고전 6:11).

"사람이 부정하고도 자신을 정결하게 하지 아니하면 여호와의 성
소를 더럽힘이니 그러므로 회중 가운데에서 끊어질 것이니라 그는
정결하게 하는 물로 뿌림을 받지 아니하였은즉 부정하니라 이는
그들의 영구한 율례니라 정결하게 하는 물을 뿌린 자는 자기의 옷
을 빨 것이며 정결하게 하는 물을 만지는 자는 저녁까지 부정할 것
이며 부정한 자가 만진 것은 무엇이든지 부정할 것이며 그것을 만
지는 자도 저녁까지 부정하리라"

———————————————————————— 민 19:20-22

20-22절　회중 가운데 끊어진다는 것의 영적인 상실

본문 20절 "사람이 부정하고도 자신을 정결하게 하지 아니하면 여
호와의 성소를 더럽힘이니 그러므로 회중 가운데에서 끊어질 것이니
라 그는 정결하게 하는 물로 뿌림을 받지 아니하였은즉 부정하니라"
라고 했다. 특히 부정하고도 정결하게 하지 않는 자는 회중 가운데서
끊어진다고 하였다. 이는 치명적인 형벌로 신앙의 공동체에서 추방됨
을 뜻한다. 그런데 '회중 가운데 끊어진다'라는 것은 영적인 상실을 뜻
하기도 한다. 그렇다면 회중 가운데 끊어진다는 것은 영적으로 무엇을
상실한다는 것일까?

'회중'이란 이스라엘 공동체를 가리킨다. 그런데 이스라엘 공동체는 하나님의 간섭과 은혜 안에 있다. 이 때문에 부정한 자, 즉 회개하지 아니하는 자가 회중 가운데 끊어진다는 것은 하나님의 간섭과 은혜의 단절을 의미한다.

따라서 우리는 하나님의 은혜와 간섭으로부터 끊어지지 아니하도록 성결의 중요성을 인지하고 거룩함을 유지할 수 있어야 할 것이다(레 11:45).

20장
미리암의 죽음과 므리바 물 사건, 모세의 실수와 아론의 죽음

출애굽 후 제 40년 정월에 이스라엘 온 회중은 다시 신 광야 가데스 바네아에 이르렀다. 이곳에서 미리암이 죽었고, 에돔 족속의 방해로 이스라엘이 먼 길을 돌아 가나안으로 나아가야 했던 일, 또 모세와 아론의 가나안 입성을 불가능하게 만들었던 므리바 물 사건, 대제사장 아론의 죽음과 그 아들 엘르아살이 아론을 대신하여 대제사장이 된다. 특히 본 장은 가나안 땅으로 들어갈 수 있는 자에게 요청되는 겸손과 인내 또 자기 부정이 면면히 흐르고 있다.

> "첫째 달에 이스라엘 자손 곧 온 회중이 신 광야에 이르러 백성이 가데스에 이르더니 미리암이 거기서 죽으매 거기에 장사되니라"
>
> ──────────────────────────── 민 20:1

1절   미리암의 관련한 큐티

미리암은 모세와 아론의 누이였다(출 15:20). 그녀는 민첩한 여성(출 2:7-8) 이었으며 또한 예술적 재능이 뛰어났으며 특히 시와 음악을 통해서 하나님께 영광을 돌렸다(출 15:19-21).

또 그녀는 여선지자로 활동하기도 했고(출 15:20), 모세와 아론과 함께 이스라엘의 지도자로 추앙을 받기도 했다(미 6:4). 하지만 그녀는 야심을 품고 모세를 비방하다가 나병에 걸리는 징계를 받기도 했다(12:1, 2, 10). 그런데 본문에는 한 시대를 풍미한 미리암의 장사 기록을 담고 있다. 그렇다면 미리암이 가나안 입국 전에 사망한 것과 관련하여 미리암의 족적에서 나타난 부정적인 면에 대한 큐티는?

미리암은 가나안 입국 직전 가데스 바네아에서 유명을 달리하고 그곳에서 장사되었다. 이는 하나님 말씀의 성취였다(14:30). 또 미리암의 족적에서 나타난 부정적인 면은 뛰어난 재능을 가졌음에도 영적인 질서를 망각한 나머지 신앙의 공동체를 어지럽혀 모세에게 큰 짐이 되었다.

따라서 우리는 재능이 뛰어난 미리암이 교만해졌을 때 나병에 걸렸다는 사실을 상기하고, 은사로 인해 교만해지지 아니하도록 스스로 경계하고 은사를 선용할 수 있도록 겸손한 신앙을 잃지 말아야 할 것이다.

"회중이 물이 없으므로 모세와 아론에게로 모여드니라 백성이 모세와 다투어 말하여 이르되 우리 형제들이 여호와 앞에서 죽을 때에 우리도 죽었더라면 좋을 뻔하였도다 너희가 어찌하여 여호와의 회중을 이 광야로 인도하여 우리와 우리 짐승이 다 여기서 죽게 하느냐 너희가 어찌하여 우리를 애굽에서 나오게 하여 이 나쁜 곳으로 인도하였느냐 이 곳에는 파종할 곳이 없고 무화과도 없고 포도도 없고 석류도 없고 마실 물도 없도다"

———————————————————————————— 민 20:2-5

2-5절 이스라엘 자손이 깨닫지 못한 하나님의 의도와 잊은 것

광야 40년 끝자락이었던 가데스에 도착한 이스라엘 자손이 본문 5절 "너희가 어찌하여 우리를 애굽에서 나오게 하여 이 나쁜 곳으로 인도하였느냐 이곳에는 파종할 곳이 없고 무화과도 없고 포도도 없고 석류도 없고 마실 물도 없도다"라고 하며, 모세와 아론에게 모여들어 원망하며 모세를 대적한다.

그런데 이스라엘 자손이 광야로 인도하신 하나님의 의도를 도외시하였고, 그 무엇을 잊었기 때문에 모세와 아론을 원망한 것이다. 그렇다면 이스라엘 자손이 깨닫지 못한 하나님의 의도와 잊은 것은 무엇일까?

하나님께서는 애굽의 노예로 전락한 이스라엘 백성을 구원해 주셨다. 이제 자기 백성을 구원하신 하나님께서는 이스라엘 자손이 노예의 근성을 벗어버리고, 하나님 백성의 삶을 살도록 의도하셨다. 그래서 하나님께서는 이스라엘 자손이 하나님을 체험할 수 있도록 척박한 광야로 인도하셨다. 그곳에서 백성이 필요한 것들을 구하게 하시고, 하나님께서는 구하는 백성에게 응답을 나타내시며 하나님을 알아가도록 섭리하셨다. 하지만 본문에서 물 문제를 만난 백성이 다시 그들의 광야 인도에 대한 불만을 토로하며 모세와 아론을 원망하였다. 하나님께서 문제를 만날 때마다 능력을 나타내시고, 살아갈 방도를 주시고 인도하셨음에도 이스라엘 자손은 항상 문제 앞에서 하나님과 모세를 원망했다. 이는 그들이 문제에 직면할 때마다 구원해 주신 하나님의 은혜를 잊어버렸기 때문이다.

따라서 우리는 항상 우리에 대한 하나님의 의도와 우리에게 은혜 베풀어 주신 하나님의 은혜를 잊지 않도록 해야 할 것이다.

"백성이 모세와 다투어 말하여 이르되 우리 형제들이 여호와 앞에서 죽을 때에 우리도 죽었더라면 좋을 뻔하였도다"

— 민 20:3

3절　이스라엘 자손의 말이 어리석은 연유

이스라엘 자손은 출애굽 가능하게 했던 열 가지 재앙부터 광야에서 수많은 기적을 체험했다. 그런데도 광야 40년 끝자락에 가데스에서 물 문제를 만난 이스라엘 자손이 모세와 언쟁하고, 본문 중반절 이하에서 "우리 형제들이 여호와 앞에서 죽을 때에 우리도 죽었더라면 좋을 뻔하였도다"라고 한다. 그들은 과거에 베풀어 주셨던 하나님의 구원과 은혜를 상기하고, 신앙의 능력으로 현재 봉착한 문제를 풀어갔어야 함에도 오히려 그들은 과거의 은혜를 잊은 채 출애굽 2년 차에 좌절된 열두 정탐꾼 사건을 들춰내며 어리석은 말을 서슴지 않았다. 즉 그들은 가나안 땅에 보낸 열두 정탐꾼의 보고 사건 이후 약 38년 동안 계속된 광야 생활 중에 죽은 구세대 사람들처럼 죽었으면 좋겠다는 말까지 꺼낼 정도로 어리석었다, 그렇다면 본문에서 이스라엘 자손의 말이 어리석은 연유는 어디에 있을까?

하나님께서는 출애굽 2년 차에 이스라엘 자손을 축복의 땅 가나안으로 인도하고자 하셨다. 그래서 그들의 요청대로 각 지파의 지휘관들을 발탁하여 가나안 땅을 정탐하게 하셨다. 하지만 가나안 땅을 정탐하고 돌아온 열두 지파의 지휘관들은 하나님의 뜻과 상반된 부정적인 보고를 하였다. 하나님의 말씀대로 이스라엘 자손의 가나안 거주가 성취될 것으로 믿지 아니하고, 가나안의 높은 성곽과 기골이 장대한 원주민들을 보고 두려워하며 패전을 기정사실화하였다. 그래서 그들은 하나님의 출애굽 인도를 최악의 상황으로 폄하하고, 모세와 아론을 원망하며, 애굽으로 돌아가는 것이 낫다고 하였다(14:1-4). 결국 여호수아와 갈렙 외 '가나안 땅을 차지할 수 없다'라고 부정적인 보고를 하게 된 열 지파이 지휘관들과 당시 계수함을 받은 자 모두가 가나안 땅에 들어갈 수 없는 징계를 받았다. 즉 그들은 각 지파의 지휘관들이 사십일 동안 가나안 정탐을 하였는데 사십 일의 하루를 일 년으로 쳐서 그 사십 년간 죄악을 담당하였다(민 14:34).

　한편 본문의 광야 사십 년 끝자락은 가나안 땅에 대해 불신한 구세대들이 거의 죽어 간 상태였다. 더욱이 백성은 가나안 땅이 바라보일 만큼 가까운 곳까지 진행했다. 이 때문에 본문의 시점에서 아직 남아 있는 구세대의 일부와 신세대까지도 불신앙의 폐해를 애통하고 경각심을 가져야 할 시기였다. 하지만 그들은 그렇게 하지 아니하고 오히려 물 문제 앞에서 모세와 아론을 원망했다. 광야에서 죽어간 자들이 불신앙으로 인해 젖과 꿀이 흐르는 가나안 땅에 들어갈 수 없었음에도 그들은 본문과 같이 말하였다. 그래서 그들은 하나님의 나라를 약속받았음에도 육신을 구하는 어리석은 자들이라고 할 수 있다.

　따라서 하나님의 나라를 약속받은 우리는 항상 육신의 것 때문에 정작 영원하신 하나님의 기업을 저버리지 않도록 경각심을 가져야 할 것이다.

"모세와 아론이 회중 앞을 떠나 회막 문에 이르러 엎드리매 여호와
의 영광이 그들에게 나타나며"

———————————————————————— 민 20:6

6절   문제 만난 성도가 선행해야 하는 것

이스라엘 자손의 불평을 들은 모세와 아론은 회중 앞을 떠나 회막 문에 이르러 엎드린다. 이는 모세와 아론이 물 문제로 원망하는 백성을 위해 기도했다는 뜻이다. 그런데 모세와 아론의 자세는 영적인 지도자뿐만 아니라 모든 성도가 본받아야 할 모범이다. 그렇다면 문제 만난 성도가 무엇을 선행해야 하는가?

문제는 하나님의 뜻과 능력으로 분쇄되고 해결될 수가 있다. 하지만 문제가 해결되기까지 무엇보다 기도가 선행되어야 하고, 또 기도하는 자는 응답의 약속을 믿고, 믿음의 기도를 드려야 한다(마 7:7-12; 약 4:3).

따라서 하나님의 능력을 믿는 우리는 문제를 두려워하지 말고, 믿음의 기도를 드릴 수 있어야 할 것이다.

"여호와께서 모세에게 말씀하여 이르시되 지팡이를 가지고 네 형 아론과 함께 회중을 모으고 그들의 목전에서 너희는 반석에게 명령하여 물을 내라 하라 네가 그 반석이 물을 내게 하여 회중과 그들의 짐승에게 마시게 할지니라 모세가 그 명령대로 여호와 앞에서 지팡이를 잡으니라"

— 민 20:7-9

7-9절 　하나님의 능력의 현현으로 지팡이를 사용하게 하신 연유

하나님께서 모세에게 지팡이를 가지고 그와 그의 형 아론과 함께 회중을 모으고, 그들의 목전에서 반석에게 명하여 물을 내게 하신다. 그런데 지팡이는 하나님의 능력의 현현을 상징적으로 나타냈다(출 7:20; 14:16). 그렇다면 하나님의 능력의 현현으로 지팡이를 사용하게 하신 연유는 어디에 있을까?

모세가 사용한 지팡이는 그 자체로 어떤 능력이 있는 것이 아니었다. 단지 하나님께서 역사하시는 능력의 전달 수단으로 그 지팡이를 사용했을 뿐이었다. 이는 기도하며 능력을 행하는 자들의 사역이 그 자신의 초자연적인 능력이 아니라 오직 하나님의 능력임을 나타낸 것이다.

따라서 하나님의 이적을 체험한 우리는 하나님께서 사용하신 도구가 아니라 오직 능력의 실체이신 하나님께만 영광을 돌려야 할 것이다.

"지팡이를 가지고 네 형 아론과 함께 회중을 모으고 그들의 목전에
서 너희는 반석에게 명령하여 물을 내라 하라 네가 그 반석이 물을
내게 하여 회중과 그들의 짐승에게 마시게 할지니라 모세가 그 명
령대로 여호와 앞에서 지팡이를 잡으니라 모세와 아론이 회중을
그 반석 앞에 모으고 모세가 그들에게 이르되 반역한 너희여 들으
라 우리가 너희를 위하여 이 반석에서 물을 내랴 하고 모세가 그의
손을 들어 그의 지팡이로 반석을 두 번 치니 물이 많이 솟아나오므
로 회중과 그들의 짐승이 마시니라"

———————————————————————— 민 20:8-11

| 8-11절 | 물을 내게 하신 명령이 다른 부분과 물을 내게 하신 명령에서 예표한 것 |

이스라엘 자손이 광야를 지나는 동안 반석에서 물이 솟아나는 이적
이 두 차례 있었다. 르비딤에서 광야 초기에 물을 내신 것(출 17:5-6)
과 가데스에서 광야 사십 년 말기에 물을 내신 본문의 이적이 있다
(민 20:8-11). 그런데 하나님께서 광야 초기에 모세에게 물을 내게 하
신 명령과 본문에서 물을 내게 하신 명령이 다르다. 특히 하나님께서
는 물을 내게 하신 명령에서 의도하신 그 무엇을 예표하고자 하셨다.
그렇다면 두 차례 물을 내게 하신 각각의 명령의 다른 부분과 두 차례
물을 내게 하신 명령에서 예표한 것은 무엇일까?

하나님께서 광야 초기에 르비딤, 즉 호렙산에서 이적의 물을
내셨다. 이때 소집 대상은 장로들이었고, 모세는 장로들의 목전
에서 반석을 쳐서 물을 냈다.

"여호와께서 모세에게 이르시되 백성 앞을 지나서 이스라엘 장로들을 데리고 나일 강을 치던 네 지팡이를 손에 잡고 가라 내가 호렙 산에 있는 그 반석 위 거기서 네 앞에 서리니 너는 그 반석을 치라 그것에서 물이 나오리니 백성이 마시리라 모세가 이스라엘 장로들의 목전에서 그대로 행하니라"(출 17:5-6).

그런데 본문에 기록된 광야 말기의 소집 대상은 회중이었고, 모세는 회중의 목전에서 반석에 명령하여 물을 내야 했다. 하지만 모세는 하나님의 명령대로 지팡이를 잡았으나 반석에 명령하여 물을 내지 않았고 분노를 극복하지 못한 나머지 그의 지팡이로 반석을 두 번 치고 말았다. 이로 인해 모세와 아론은 가나안 땅에 들어갈 수가 없게 되었다(12절).

따라서 항상 공의, 즉 주의 말씀을 좇아야 하는 우리는 분노가 우리의 의지를 취약하게 만든다는 사실을 인지하고, 분노하는 마음을 다스려야 할 것이다.

또 하나님께서 광야 초기에서는 반석을 쳐서 물을 내라고 하셨는데, 여기에서 반석은 예수 그리스도에 대한 예표다(고전 10:4). 특히 반석을 치는 것은 그리스도의 십자가에 대한 고난을 예표한다. 그래서 '반석을 쳐서 솟아난 물'이란 그리스도의 고난을 통해서 인류에게 공급해 주시는 구원의 생수를 가리키는 것으로, 고린도전서 10:4 말씀에서는 신령한 음료라고 하였다. 그런데 본문에 기록된 광야 말기에는 반석에 명령하여 물을 내라고 했다. 하지만 모세가 하나님의 지시대로 반석에 명령하지 않았다. 즉 모세는 항상 문제 앞에서 원망부터 하는 백성의 불신앙에 대해 분노한 나머지 지팡이로 반석을 두 번 치고 말았다. 그런데 이는 진리를 왜곡하는 큰 실책이었다. 우선 모세는 분노한 나머지 하나님께서 지시를 따르지 아니했다. 더욱이 영적으로 하나님께서 광야 초기에 모세에게 바위를 치라고 명령한 것은 인류의 대속을 위한 그리스도의 고난에 대한 예표로, 그리스도께서 단번에 구원을 이루셨기 때문이다. 그래서 본문에서 하나님께서 바위에 명령하라는 것은 그리스도의 대속에 관한 예표가 아니라 그리스도를 믿는 성도들이 하나님의 나라로 들어갈 때까지 주의 성령으로부터 공급받을 수 있는 충만한 은혜에 대한 예표이다. 즉 성도들이 항상 기도하여 공급받을 수 있는 충만한 영적인 생수를 비롯하여 진리 안에서 구하는 성도들에게 모든 것을 공급해 주시는 성령의 예표이다(요 7:38-39).

따라서 우리는 사소하다고 생각되는 것까지도 깊은 진리를 내포할 수 있다는 점을 공감하고 항상 말씀을 가감하지 말고 온전히 좇아야 할 것이다.

"모세와 아론이 회중을 그 반석 앞에 모으고 모세가 그들에게 이르되 반역한 너희여 들으라 우리가 너희를 위하여 이 반석에서 물을 내랴 하고 모세가 그의 손을 들어 그의 지팡이로 반석을 두 번 치니 물이 많이 솟아나오므로 회중과 그들의 짐승이 마시니라 여호와께서 모세와 아론에게 이르시되 너희가 나를 믿지 아니하고 이스라엘 자손의 목전에서 내 거룩함을 나타내지 아니한 고로 너희는 이 회중을 내가 그들에게 준 땅으로 인도하여 들이지 못하리라 하시니라 이스라엘 자손이 여호와와 다투었으므로 이를 므리바 물이라 하니라 여호와께서 그들 중에서 그 거룩함을 나타내셨더라"

———————————————————————————— 민 20:10-13

10–13절 모세가 순종하지 아니한 것과 하나님의 영광을 위해 드러내지 아니한 하나님의 속성

모세와 아론이 백성의 물 문제로 기도하자 하나님께서는 백성뿐만 아니라 짐승까지도 생각하시고, 반석에 명령하여 물을 내라 하셨다. 즉 반석 앞에 회중을 모으고 그들이 보는 앞에서 반석에 명령하여 물을 내라 하셨다. 하지만 모세가 하나님의 명령대로 순종하지 않았다. 그렇다면 모세가 순종하지 아니한 것과 하나님의 영광을 위해 드러내야 함에도 드러내지 아니한 하나님의 속성은 무엇일까?

하나님께서는 모세에게 "반석에 명령하여 물을 내라" 하셨다. 하지만 모세는 반석에 명령하여 물을 낸 것이 아니라 지팡이로 반석을 두 번 쳐서 물을 냈다. 이것이 모세가 하나님의 명령대로 순종하지 아니한 것이다. 특히 백성은 출애굽에 대한 하나님의 사랑을 간과하고 물 문제를 들어 모세와 아론을 원망했다.

그런데도 하나님께서는 백성을 위해 반석에서 기적의 물이 솟아 나게 하시고, 백성에 대한 당신의 인내와 자비와 거룩함을 나타 내고자 하셨다. 하지만 분노한 모세는 마음을 다스리지 못한 나 머지 백성에 대한 하나님의 인내와 자비와 거룩함을 드러내며 영광을 돌려야 하는데 그렇게 하지 아니했다.

따라서 우리는 분내는 것이 하나님의 의를 이루지 못한다는 사실을 깊이 인지하고(약 1:19-20), 말씀과 성령의 능력으로 마음 을 다스릴 수 있어야 할 것이다.

"거기를 떠나 아모리인의 영토에서 흘러 나와서 광야에 이른 아르 논 강 건너편에 진을 쳤으니 아르논은 모압과 아모리 사이에서 모 압의 경계가 된 곳이라"

— 민 20:13

13절 ┃ 본문에서 발견된 희망의 핵심

'므리바'란 히브리어로 '다툼'을 의미하는 것으로, 가데스에서 모세와 이스라엘 자손이 다투었기 때문에 붙여진 이름이다. 그렇지만 본문에 는 '므리바'란 이름에서 발견된 암울한 정황과는 달리 이스라엘 공동 체에 나타난 희망의 핵심을 발견할 수가 있다. 그렇다면 본문에서 발 견된 희망의 핵심은 무엇일까?

본문에서 발견된 희망의 핵심은 "그들 중에 그 거룩함을 나타내셨더라"이다. 하나님께 대한 이스라엘의 불순종이 민수기 전체에서 면면히 흐르고 있다. 그런데도 하나님께서는 불순종한 백성을 버리지 아니하시고. 그 백성을 본문의 시점까지 긍휼과 사랑으로 인도하셨다.

한편 본장 서두에서도 이스라엘 자손은 하나님께 큰 죄를 범했다. 하나님께서 그들의 출애굽을 위해서 많은 희생을 지불하셨음에도 오히려 그들은 출애굽에 대해 악평하고, 원망하였다. 이는 충분히 하나님의 분노를 살만하고, 하나님께서는 그들에게 크게 징계하실 수도 있었다. 하지만 인간의 연약함을 아신 하나님께서는 오히려 그들을 체휼하시고, 그들에게 거룩함을 드러내셨다. 즉 하나님께서 기갈 중에 있었던 백성이 생수를 마시게 하셨고, 또 그들의 가축들까지도 충분히 마시게 하셨다.

따라서 주의 대속 받은 우리는 인간과 구별되시는 주 하나님의 거룩한 속성 때문에 은혜가 유지된다는 사실을 인지해야 할 것이다.

"모세가 가데스에서 에돔 왕에게 사신을 보내며 이르되 당신의 형제 이스라엘의 말에 우리가 당한 모든 고난을 당신도 아시거니와 우리 조상들이 애굽으로 내려갔으므로 우리가 애굽에 오래 거주하였더니 애굽인이 우리 조상들과 우리를 학대하였으므로 우리가 여호와께 부르짖었더니 우리 소리를 들으시고 천사를 보내사 우리를 애굽에서 인도하여 내셨나이다 이제 우리가 당신의 변방 모퉁이 한 성읍 가데스에 있사오니 청하건대 우리에게 당신의 땅을 지나가게 하소서 우리가 밭으로나 포도원으로 지나가지 아니하고 우물 물도 마시지 아니하고 왕의 큰길로만 지나가고 당신의 지경에서 나가기까지 왼쪽으로나 오른쪽으로나 치우치지 아니하리이다 한다고 하라 하였더니 에돔 왕이 대답하되 너는 우리 가운데로 지나가지 못하리라 내가 칼을 들고 나아가 너를 대적할까 하노라 이스라엘 자손이 이르되 우리가 큰길로만 지나가겠고 우리나 우리 짐승이 당신의 물을 마시면 그 값을 낼 것이라 우리가 도보로 지나갈 뿐인즉 아무 일도 없으리이다 하나 그는 이르되 너는 지나가지 못하리라 하고 에돔 왕이 많은 백성을 거느리고 나와서 강한 손으로 막으니 에돔 왕이 이같이 이스라엘이 그의 영토로 지나감을 용납하지 아니하므로 이스라엘이 그들에게서 돌이키니라"

—— 민 20:14-21

 에돔 왕의 강포와 무정한 것과 영적인 강퍅함이 기록된 본문의 구절

에돔은 이스라엘 자손의 형제 나라다. 더군다나 이스라엘 자손이 에돔 지경을 통과하는 길은 가나안으로 들어가는 지름길이다. 그래서 모세는 백성이 빠르고 쉽게 보행하기 위해 그동안 이스라엘의 여정과 여러 정황을 알리고, 길을 열어주도록 설득하기 위해 에돔 왕에게 사신을 보낸다.

특히 본문에는 이스라엘 자손이 에돔의 형제 나라라는 것을 밝힌 구절이 있고, 또한 이스라엘 자손이 하나님의 은혜로 출애굽하게 되었음을 말한 구절이 있다. 또 에돔 지역을 통과할 수 있도록 요청한 구절이 있다. 하지만 결국 에돔 왕은 모세의 요청을 묵살하고 백성을 거느리고 나와 이스라엘 자손이 그곳을 통행할 수 없도록 위협하였다. 그래서 이스라엘 자손이 양보하여 이 지역을 돌아 우회 길을 갔고, 이리하여 이스라엘 자손이 심히 피곤하고 마음이 상한 가운데 모세와 아론을 원망한 것이다. 그렇다면 에돔 왕의 강포와 무정한 것과 영적인 강퍅함이 기록된 본문의 구절은?

모세는 본문 14절에서 에돔 왕에게 형제 나라라는 것을 밝혔다. 또 모세는 본문 15-16절에서 출애굽과 광야 노정을 밝혔다. 또 본문 17절과 19절에서 모세와 이스라엘 자손이 그들의 지역을 통과할 때에 값을 지불하고 식수를 마시겠고, 농작물에도 전혀 피해가 없도록 하겠다고 밝혔다. 하지만 에돔 왕은 전쟁도 불사하겠다고 하고(18절), 강한 손으로 막아(20절) 이스라엘 자손이 그곳을 통과할 수 없도록 하였다. 이것이 에돔 왕의 강포이다.

한편 모세는 에돔 왕에게 출애굽을 가능하게 하신 하나님의 능력에 대해 밝혔다. 그런데도 에돔 왕은 하나님의 성민이요, 형제 나라인 이스라엘 자손에게 무정했다(16절).

그런데 이스라엘 자손은 하나님의 구원과 맞물려 있고, 하나님의 은혜와 맞물려 있다. 이 때문에 에돔 왕이 하나님을 경외하는 신앙이 있었다면 하나님으로 인해 이스라엘 자손이 길을 가게 하는 것이 합당하다. 하지만 오히려 에돔 왕은 이스라엘 자손의 대적자로 나타났다(18절, 20-21절). 이것이 에돔 왕의 강팍한 모습이다. 에돔 왕이 무정한 까닭에 강포에서 벗어날 수 없게 되었고, 또 그가 영적으로 강팍한 까닭에 이스라엘이 하나님의 군대라는 사실을 알면서도 광야에서 지쳐 있던 형제 나라 이스라엘 자손이 보행을 쉽게 하기 위한 길을 열지 않았다. 결국 에돔 왕이 강포하고, 무정하고, 영적으로 강팍했기 때문에 그 시대에 가장 중요하게 다루어야 할 일들을 간과하였다.

따라서 우리는 항상 시기적절하게 쓰임이 될 수 있도록 기도와 성령 충만으로 준비돼 있어야 할 것이다.

"청하건대 우리에게 당신의 땅을 지나가게 하소서 우리가 밭으로나 포도원으로 지나가지 아니하고 우물물도 마시지 아니하고 왕의 큰길로만 지나가고 당신의 지경에서 나가기까지 왼쪽으로나 오른쪽으로나 치우치지 아니하리이다 한다고 하라 하였더니"

—— 민 20:17

17절   천국을 약속 받은 자들이 나그네 정신의 삶을 좇아야 하는 연유

모세는 우회 길이 아닌 지름길인 형제 나라 에돔 지경을 통과하고자 했다. 백성이 광야의 오랜 여행으로 지쳐 있었기 때문에 신속하게 통과하여 가나안 입성을 준비하고자 했다. 그런데 모세가 에돔 지경으로 신속하게 통과하고자 한 것은 천국을 약속받은 나그네의 정신이기도 한다. 그렇다면 천국을 약속받은 자들이 나그네 정신의 삶을 좇아야 하는 연유는 어디에 있을까?

출애굽한 이스라엘 자손의 최종 목적지는 천국의 모형인 가나안이다. 그래서 그들의 신앙의 승리는 안주하지 않고 가나안을 향해 지속적으로 진행하여 최종 목적지인 가나안으로 들어가는 것이다. 하지만 정체된 가운데 가나안을 향한 신앙의 진보가 어렵게 되는 사례가 왕왕 있다. 에돔 지경을 속히 통과하여 가나안으로 들어가기 위한 준비를 하려고 하지 않고, 속된 것을 붙잡으려 하다가 정체 현상에 빠지기도 한다. 즉 믿음의 승리가 아닌 속된 그 무엇을 쟁취하려다, 나그네가 지속적으로 길 가듯, 지속적으로 신앙의 진보를 하지 않기 정작 중요한 신앙의 성취가 좌절되기도 한다.

따라서 출애굽한 신앙, 즉 주의 대속을 믿는 자들은 괴나리봇짐을 메고 가는 나그네의 정신의 삶을 좇아 지속적으로 진행해야 한다. 속된 것을 신앙의 진보와 함께 지나듯이 달관하고, 천성을 향해 지속적으로 진행할 수 있어야 할 것이다.

"이스라엘 자손 곧 온 회중이 가데스를 떠나 호르 산에 이르렀더니 여호와께서 에돔 땅 변경 호르 산에서 모세와 아론에게 말씀하시니라 이르시되 아론은 그 조상들에게로 돌아가고 내가 이스라엘 자손에게 준 땅에는 들어가지 못하리니 이는 너희가 므리바 물에서 내 말을 거역한 까닭이니라 너는 아론과 그의 아들 엘르아살을 데리고 호르 산에 올라 아론의 옷을 벗겨 그의 아들 엘르아살에게 입히라 아론은 거기서 죽어 그 조상에게로 돌아가리라"

— 민 20:22-26

22-26절 하나님께서 아론의 죽음을 예고하신 연유

여호와께서 에돔 땅 변경 호르 산에서 모세와 아론에게 말씀하신다. 특히 아론이 유명을 달리할 시간과 또 그가 가나안 땅에 들어갈 수 없게 된 연유에 대해서도 알리신다. 그런데 본문에는 하나님께서 아론의 죽음을 예고하신 연유가 기록되어 있다. 그렇다면 하나님께서 아론의 죽음을 예고하신 연유는 무엇일까?

모세의 조력자이자 대제사장이었던 아론은 이스라엘 자손에게 있어서 주목의 대상이었다. 그래서 하나님께서 두 가지 의도에서 아론의 죽음을 예고하고 공식화하신 듯하다.

첫째, 아론이 중책을 맡은 만큼 백성의 주목을 받았다는 점에서 백성이 혼란에 빠지지 않도록 아론의 죽음을 예고하고 공식화하셨다.

둘째, 아론의 죽음이 하나님의 뜻 안에서 이루어졌다고 했을 때(민 20:1-13), 지도자를 잃은 극한 슬픔에서 벗어날 수 있으므로 아론의 죽음을 예고하고 공식화하였다.

아무튼지 하나님께서 아론의 죽음을 예고하신 연유는 한계가 뚜렷한 인간이 슬픈 상황을 극복하고 질서를 이룬 가운데 가나안 입성을 준비하기 위한 사랑의 배려였다.

따라서 우리는 항상 안주하는 신앙에서 탈피하여 우리를 인도하시는 하나님의 동향을 깨닫고 순종할 수 있어야 할 것이다.

"이스라엘 자손 곧 온 회중이 가데스를 떠나 호르 산에 이르렀더니 여호와께서 에돔 땅 변경 호르 산에서 모세와 아론에게 말씀하시니라 이르시되 아론은 그 조상들에게로 돌아가고 내가 이스라엘 자손에게 준 땅에는 들어가지 못하리니 이는 너희가 므리바 물에서 내 말을 거역한 까닭이니라 너는 아론과 그의 아들 엘르아살을 데리고 호르 산에 올라 아론의 옷을 벗겨 그의 아들 엘르아살에게 입히라 아론은 거기서 죽어 그 조상에게로 돌아가리라"

———————————————————————————— 민 20:22-26

22-26절 영원히 중단되지 않는 제사장직

아론은 므리바 물 사건 때에 하나님 앞에서 완전한 순종을 나타내지 못했다. 그래서 그는 약속의 땅에 들어갈 수가 없게 되었고, 출애굽 제40년 5월 1일 123세 일기로 유명을 달리한다(33:38-39).

한편 제사장직에서 나타난 인류의 구원을 위한 중보 사역은 영원한 것으로 어떤 이유로도 중단되지 않는다(히 7:24). 하지만 아론은 그의 죄와 죽음 때문에(므리바 물 사건 때의 불순종), 즉 제사장들은 그들의 죄와 죽음 때문에 제사장직이 중단되었다. 그렇다면 완전하고 영원히 중단되지 않는 제사장직은 누구에게서 발견할 수 있을까?

예수 그리스도께서는 완전한 중보자로서 십자가에서 못 박혀 돌아가시기까지 순종하셨습니다. 그런데 백성의 구원을 위한 중보자이신 그리스도께서는 자신의 죄 때문이 아닌 영원한 중보자의 승리였다. 이 때문에 인류의 대속을 이루신 주 예수 그리스도께서는 장사한 지 사흘 만에 부활하시고, 승천하시고, 성령으로 우리에게 와 계신다.

따라서 인류의 구원을 위한 영원한 중보자이신 그리스도를 발견한 우리는 그리스도 안에서 누리게 될 영원한 생명과 하나님의 나라를 전파해야 할 것이다.

"너는 아론과 그의 아들 엘르아살을 데리고 호르 산에 올라 아론의
옷을 벗겨 그의 아들 엘르아살에게 입히라 아론은 거기서 죽어 그
조상에게로 돌아가리라 모세가 여호와의 명령을 따라 그들과 함께
회중의 목전에서 호르 산에 오르니라 모세가 아론의 옷을 벗겨 그
의 아들 엘르아살에게 입히매 아론이 그 산 꼭대기에서 죽으니라
모세와 엘르아살이 산에서 내려오니 온 회중 곧 이스라엘 온 족속이
아론이 죽은 것을 보고 그를 위하여 삼십 일 동안 애곡하였더라"

— 민 20:25-29

25-29절　성도들이 하나님 앞에 서기 위한 영적인 옷

모세는 하나님의 명령을 따라 임종이 임박한 아론이 착용한 대제사
장의 성의를 벗겨 그의 아들 엘르아살에게 입혔다. 아론은 호르 산에
서 유명을 달리하고, 모세와 엘르아살은 산꼭대기에서 내려오고, 백성
은 국장으로서 삼십 일 동안 예의를 다하여 애곡했다.

한편 제사 수행을 할 때 착용했던 대제사장의 성의는 대제사장의
자격을 갖추는 필수 요건이었다(출 28:2-3, 43; 29:29). 그런데 오늘날
성도들에게도 반드시 하나님 앞에 서기 위하여 착용해야 하는 영적인
옷이 있다. 그렇다면 하나님 앞에 서기 위한 성도들의 영적인 옷은 무
엇일까?

하나님 앞에 서기 위한 성도들의 영적인 옷은 회개의 열매이
다(마 3:4-12; 4:17; 22:11-14).

따라서 주의 대속받은 성도들은 무엇보다 회개의 열매를 풍성
하게 맺어야 할 것이다.

성서 이해와 적용

민수기 큐티Ⅲ

2025년 7월 6일 초판 발행

지은이 | 이미자
발행인 | 이양주, 박희진
펴낸곳 | 도서출판 들림

주 소 | 서울시 성북구 장월로3길12 세종주택 B동 403호
        Tel (02) 012-5612

출판등록 제 307-2006-30호
ISBN 978-89-97013-71-5   04230
      978-89-97013-68-5   04230 (세트)   **정가 18,500원**